틈만 나면 보고 싶은
융합 과학 이야기

틈만 나면 보고 싶은 융합 과학 이야기
으악, 일어날 시간이야!

초판 1쇄 발행 2015년 12월 25일
초판 2쇄 발행 2016년 12월 27일

글 지호진 | **그림** 이혁 | **감수** 구본철

펴낸이 이욱상 | **창의1실장** 강희경 | **편집장** 김영미 | **책임편집** 윤선미
디자인 마루·한 | **본문 편집** 구름돌(문주영, 이현경, 김홍비, 홍진영)
사진 제공 유로크레온, 헬로 포토, 두피디아 포토박스, PNAS

펴낸곳 동아출판㈜ | **주소** 서울시 영등포구 은행로 30 (여의도동)
대표전화(내용·구입·교환 문의) 1644-0600 | **홈페이지** www.dongapublishing.com
신고번호 제300-1951-4호(1951. 9. 19.)

©2015 지호진·동아출판

ISBN 978-89-00-38929-6 74400   978-89-00-37669-2 74400 (세트)

틈만 나면 보고 싶은
융합 과학 이야기

으악,
일어날
시간이야!

글 지호진　그림 이혁
감수 구본철(전 KAIST 교수)

동아출판

미래 인재는 창의 융합 인재

이 책을 읽다 보니, 내가 어렸을 때 에디슨의 발명 이야기를 읽던 기억이 납니다. 그때 나는 에디슨이 달걀을 품은 이야기를 읽으면서 병아리를 부화시킬 수 있을 것 같다는 생각도 해 보았고, 에디슨이 발명한 축음기 사진을 보면서 멋진 공연을 하는 노래 요정들을 만나는 상상을 하기도 했습니다. 그러다가 직접 시계와 라디오를 분해하다 망가뜨려서 결국은 수리를 맡긴 일도 있었습니다.

지금 와서 생각해 보면 어린 시절의 경험과 생각들은 내 미래를 꿈꾸게 해 주었고, 지금의 나로 성장하게 해 주었습니다. 그래서 나는 어린 학생들을 만나면 행복한 것을 상상하고, 미래에 대한 꿈을 갖고, 꿈을 향해 열심히 도전하고, 상상한 미래를 꼭 실천해 보라고 이야기합니다.

어린이 여러분의 꿈은 무엇인가요? 여러분이 주인공이 될 미래는 어떤 세상일까요? 미래는 과학 기술이 더욱 발전해서 지금보다 더 편리하고 신기한 것도 많아지겠지만,

우리들이 함께 해결해야 할 문제들도 많아질 것입니다. 그래서 과학을 단순히 지식으로만 이해하는 것이 아니라, 세상을 아름답고 편리하게 만들기 위해 여러 관점에서 바라보고 창의적으로 접근하는 융합적인 사고가 중요합니다.
나는 여러분이 즐겁고 풍요로운 미래 세상을 열어 주는, 훌륭한 사람이 될 것이라고 믿습니다.

　동아출판 〈틈만 나면 보고 싶은 융합 과학 이야기〉 시리즈는 그동안 과학을 설명하던 방식과 달리, 과학을 융합적으로 바라볼 수 있도록 구성되었습니다. 각 권은 생활 속 주제를 통해 과학(S), 기술공학(TE), 수학(M), 인문예술(A) 지식을 잘 이해하도록 도울 뿐만 아니라, 과학 원리가 우리 생활을 편리하게 해 주는 데 어떻게 활용되었는지도 잘 보여 줍니다. 나는 이 책을 읽는 어린이들이 풍부한 상상력과 창의적인 생각으로 미래 인재인 창의 융합 인재로 성장하리라는 것을 확신합니다.

전 카이스트 문화기술대학원 교수 구본철

시완이와 떠나는 시간 여행

"벌써 8시야. 이러다 학교에 지각하겠어!"

"벌써 12시네. 즐거운 점심시간!"

"친구들과 놀아도 저녁 6시 전에는 집에 오렴."

이른 아침에 잠을 깨우는 시계 소리를 시작으로 우리들의 하루는 시작되지요. 학교에서도 시계가 알려 주는 시간에 따라 행동해요. 다시 집에 와서도 시간에 따라 행동하다가 잠자리에 들지요. 이렇게 시간은 어제에서 오늘, 오늘에서 내일로 이어지고, 시간은 멈추지 않고 일정한 빠르기로 계속 흘러가요. 시간이 흐르며 낮과 밤, 계절과 같은 것들이 나타나고요.

우리들은 시간을 생활의 가장 중요한 기준으로 생각하며 살고 있어요. 그런데 시간은 언제 어떻게 생겨났을까요? 사람들은 시간을 어떻게 측정했고 또 어떻게 이용했을까요?

이 책에서는 평범한 어린이 시완이와 함께 흥미진진한 시간 여행을 떠날 거예요. 시완이는 시간 여행 속에서 시간에 얽혀 있는 재미있는 과학 원리, 시계의 모습과 기능을 통해 사람들이 이루어 낸 기술 공학의 발달을 알게 되지요. 또한 시간을 계산하는 방법도 살펴보고, 지구에 사는 생명체들은

시간에 어떻게 반응하는지, 사람들은 어떻게 시간을 느끼는지에 대해서도 관찰하게 되어요.

시간

1장 시간의 원리 속으로
과학) 시간 속 과학 원리

2장 시계 발전의 역사와 함께
기술공학) 시계의 역사

3장 숫자를 품은 시간을 따라
수학) 시간 계산 방법

4장 숨어 있는 시계를 찾아
인문예술) 동물과 식물 속 생물 시계

　여러분들이 이 책을 읽으며 시간이 우리에게 얼마나 소중한지 깨닫게 되었으면 좋겠어요. 또 시간의 소중함을 깨달아 시간을 함부로 낭비하지 않고, 시간을 잘 활용하는 사람으로 자랐으면 좋겠어요. "시간을 지배하는 자가 인생을 지배한다."라는 명언을 늘 기억하면서 말이에요.

지호진

차례

1장 시간의 원리 속으로

2장 시계 발전의 역사와 함께

3장 숫자를 품은 시간을 따라

4장 숨어 있는 시계를 찾아

시간의 원리 속으로

낯선 시간 속으로

따르릉! 따르릉!

시완이는 자명종이 울리자 그만 짜증이 나서 이불을 머리끝까지 덮어 버렸다. '시완아, 학교 가야지?' 하며 깨우는 엄마의 목소리가 들릴 것 같아서였다.

그런데 시완이는 자명종 소리를 꿈속에서 들은 걸까?

시간이 웬만큼 지났는데도 엄마의 목소리가 들리지 않았다. 그 대신 시계의 초침 소리만 **째깍째깍!**

'아, 정말 일어나기 싫어, 차라리 시간이 멈췄으면 좋겠어!'

시완이는 이불 속에서 시간이 멈춘 날을 상상했다. 시간이 멈춰서 늦게 일어나고, 아침에 학교에 가지 않고, 또 학원도 안 가고 친구들과 계속 놀고, 하루 종일 컴퓨터 게임만 하는 그런 즐거운 상상을 했다.

'도대체 시간을 누가 만든 거야? 시간은 왜 생긴 거지?'

이렇게 투덜대다가 시완이는 그만 이불 속에서 다시 잠이 들고 말았다.

쿨쿨, 쿨쿨, 새근새근.

아, 졸려.
시간아, 제발
멈춰라.

그리고 얼마나 시간이 흘렀을까, 시완이는 자기를 **다급하게** 깨우는 낯선 목소리를 들었다.

"애야! 애야!"

시완이가 눈을 떠 보니 뭔가 이상한 옷차림의 할아버지가 시완이를 쳐다보고 있었다.

"여기서 잠을 자고 있으면 어떻게 해?"

"어? 누구세요? 여기가 어디지?"

잠에서 깬 시완이가 할아버지와 할아버지가 서 있는 주변을 번갈아 훑어보며 말했다.

"여기는 우리 마을 사람들의 특별한 장소야."

시완이가 주변을 제대로 둘러보니 **커다란 돌**들이 원 모양으로 빙 둘러서 있었다.

"어디서 많이 봤는데? 혹시 스톤헨지? 그러면 여기는 영국?"

얘야, 얼른 일어나거라.

어, 할아버지는 누구세요?

스톤헨지 옆에서

시완이가 놀라면서 하는 말을 듣고 할아버지가 말했다.

"영국? 여기는 우리 부족이 시간을 관찰하는 곳인데?"

"시간을 관찰하는 곳 이라고요?"

"그래. 어떤 부족은 이곳을 신전으로 사용하기도 하지만 우리 부족은 이곳에서 시간을 관찰한단다."

이곳 사람들이 시간을 관찰한다는 것은 태양과 달의 움직임을 살펴본다

는 거였다. 아주 **먼 옛날** 사람들은 태양이 뜨고 지는 것, 즉 낮과 밤이
왜 생기는지 궁금해했다. 또 달이 차고 기우는 것도 궁금해했다.

영국의 월트셔 솔즈베리 평원에 있는 독특한 구조물인 스톤헨지는 기원
전 3,000~기원전 2,000년쯤에 세워진 것으로 알려져 있다.

어떤 학자들은 스톤헨지가 신에게 제사를 지내는 신전이었을 거라고 주
장하고, 어떤 학자들은 고대에 가축을 기르던 가축우리였다고 주장한다.
또 어떤 학자들은 천문대였을 거라고 주장한다. 그중에서 천문대로 보는
가설이 가장 설득력이 있다.

스톤헨지

저긴 제사를 지내던 곳이야.

무슨 소리! 가축을 길렀다니까.

허허, 하지와 동지를 관측하는 천문대가 틀림없지.

스톤헨지가 천문대였을 것이라고 주장하는 학자들은 스톤헨지가 원형으로 세워진 것이 하지와 동지를 관측하기 위해서라고 한다. 큰 돌들과 주변의 구덩이를 이용해서 하짓날 태양이 뜨는 시간과 동짓날 태양이 지는 시간을 계산할 수 있다는 것이다. 스톤헨지에 있는 힐스톤이라는 돌이 하짓날 태양이 뜨는 방향과 일치하고, 28일 주기로 변하는 달의 모양과 돌들의 배치가 밀접한 관계가 있다고 주장한다.

하지와 동지는 천문학적으로 **중요한** 변화가 일어나는 날이다. 하지를 기준으로 계절이 여름으로, 동지를 기준으로 계절이 겨울로 바뀐다. 따라서 학자들은 옛날 고대인들이 스톤헨지를 관찰하며 태양의 움직임을 통해 시간을 관찰하고 계절의 변화도 알아차렸을 거라고 주장한다.

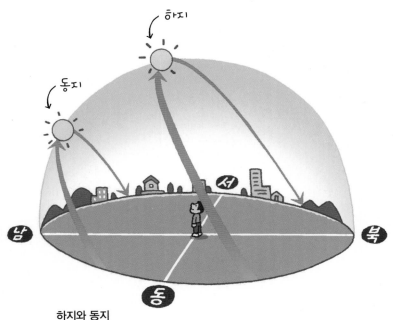

하지와 동지
하지는 일 년 중 태양이 가장 높이 떠서 낮이 가장 긴 날로,
양력 6월 21일경이다. 동지는 일 년 중 태양이 가장 낮게 떠서
낮이 가장 짧은 날로, 양력 12월 22일경이다.

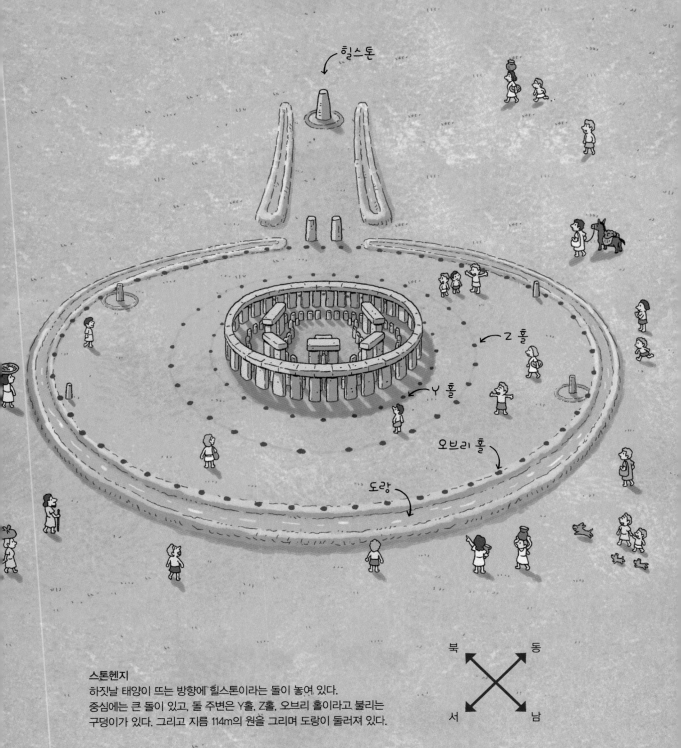

힐스톤

Z 홀

Y 홀

오브리 홀

도랑

스톤헨지
하짓날 태양이 뜨는 방향에 힐스톤이라는 돌이 놓여 있다.
중심에는 큰 돌이 있고, 돌 주변은 Y홀, Z홀, 오브리 홀이라고 불리는
구덩이가 있다. 그리고 지름 114m의 원을 그리며 도랑이 둘러져 있다.

북　동

서　남

시완이는 스톤헨지 이곳저곳을 둘러보았다. 빙 둘러서 있는 큰 돌들, 그 돌들 바깥에 원을 그리며 파여 있는 구덩이들, 그리고 이 모든 것들을 둥그렇게 감싸고 있는 도랑도 살펴보았다.

구석구석 둘러본 시완이는 고개를 갸우뚱하며 **답답한** 표정을 지었다. 스톤헨지가 시간을 관찰하는 곳이라는 할아버지의 말이 잘 이해되지 않았기 때문이었다.

시완이가 스톤헨지에서 만난 할아버지의 말처럼 시계가 없던 먼 옛날에 살던 사람들은 주기적으로 되풀이되는 자연 현상을 유심히 지켜보았다.

태양이 뜨고 지는 현상, 달이 차고 기우는 현상, 별자리의 움직임 등을 잘 살폈다. 그리고 그런 자연 현상이 되풀이되는 간격을 통해 시간에 대한 개념을 갖기 시작했다. '시각'과 '시간'에 대해 깨닫게 된 것이다.

"와, 대단하네요. 태양과 달을 보고 시간을 알았다니."

"허허, 태양이 뜨고 지는 때에 맞춰 생활해야 하니까 당연한 거지. 우리는 태양이 뜨면 활동을 시작하고 태양이 지면 잠자리에 들 준비를 한단다."

"아, 우리도 비슷해요. 하지만 우리는 태양이 진 후에도 활동하지요."

그런데 시각과 시간은 다른 것일까? 다르다면 어떻게 다른 걸까?

시각은 시간의 어느 한 시점을 말하고, 시간은 어떤 시각부터 어떤 시각까지의 사이를 말한다.

사람들이 "약속 시간 꼭 지켜!"라는 말을 사용하는데 그것은 잘못된 말이다. "약속 시각 꼭 지켜!"라고 말해야 한다.

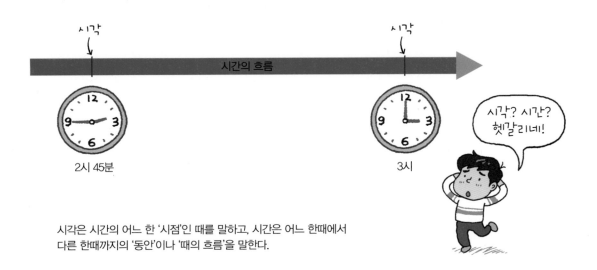

시각은 시간의 어느 한 '시점'인 때를 말하고, 시간은 어느 한때에서 다른 한때까지의 '동안'이나 '때의 흐름'을 말한다.

시각과 시간 구별하기

    기차나 비행기는 어떤 순간, 즉 시간의 어느 한 시점에 출발하고 도착한다. 그러니 고속 철도의 막차 '시각'이라고 한다.

    점심밥은 아주 짧은 순간에 먹을 수 없다. 아마 30분 정도는 걸릴 것이다. 그래서 12시부터 12시 30분까지, 또는 12시부터 1시까지 점심을 먹기로 정해 둔 때를 '점심시간'이라고 한다.

    이렇게 여러 사람들과 정확한 시간 정보를 주고받아야 할 때는 시각과 시간의 의미를 제대로 알고 구별해 사용해야 한다.

기차역의 승차권 발매 현황에서는 정확한
출발 시각을 알려 준다.

현재 시각은 그 순간의 시간이기 때문에
시간이 아닌 시각이다.

열차 승차 안내는 출발 시각을 기준으로
알려 준다.

열차 승차권에는 출발 시각과 도착 시각이
나타나 있다.

태양의 움직임과 시간

시완이는 스톤헨지 할아버지의 말을 듣고 옛날 고대인들이 태양, 달 등 자연 현상으로 시간을 알게 되었다는 것을 알았다.

"그런데 **태양의 움직임**으로 어떻게 시간을 알 수 있어요?"

"태양이 하늘에 뜨고 지는 것을 보고 하루를 낮과 밤으로 나누었지."

"그럼 태양 자체를 시계로 여겼던 거네요?"

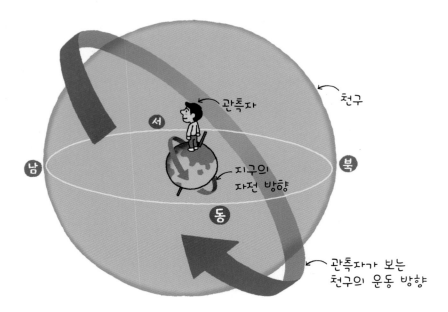

지구의 자전과 천구의 운동
지구가 서쪽에서 동쪽으로 자전하기 때문에 지구에서 천구를 보면 천체들이
동쪽에서 서쪽으로 움직이는 것처럼 보인다. 천구는 둥글고 거대한 가상의 구로,
천체가 이 구면에 투영되어 있다고 여긴다.

"맞아. 우리는 태양이 하루에 한 바퀴씩 돌아서 하루가 생긴다고 생각해."

고대인들은 지구가 자전한다는 것을 몰랐기 때문에 태양 뿐만 아니라
하늘에 떠 있는 달과 별 같은 천체 모두가 동쪽에서 뜨고 서쪽으로 진다
고 생각했다. 하늘을 보면 천체가 동쪽에서 서쪽으로 움직이는 것처럼 보
였기 때문이다. 천체가 동쪽에서 서쪽으로 도는 것처럼 보이는 현상을 일
주 운동이라고 한다. 일주는 일정한 경로로 한 바퀴를 돈다는 뜻이다.

따라서 태양, 달, 별이 지구 주위를 도는 것처럼 보이는 것을 각각 태양의
일주 운동, 달의 일주 운동, 별의 일주 운동이라고 부른다.

스톤헨지 할아버지의 말에 시완이는 고개를 **끄덕이며** 혼잣말을 했다.

"그랬구나! 그런데 태양이나 달과 별이 동쪽에서 서쪽으로 도는 것처럼 보이는 건 지구가 서쪽에서 동쪽으로 자전을 하기 때문인데."

시완이가 하는 말을 들었는지 스톤헨지 할아버지가 시완이에게 물었다.

"자전? 그게 뭔데?"

"지구가 스스로 돈다는 말이에요."

"지구? 그건 또 뭔데?"

"지구는 지금 우리가 살고 있는 곳이에요. 제가 살던 곳 사람들은 이 땅을 지구라고 부르거든요."

"우리가 사는 이 땅이 스스로 돌고 있다고? 말도 안돼! **하하!**"

시완이의 말을 듣고 스톤헨지 할아버지는 껄껄 웃었다.

그래. 네가 스스로 돌면서 햇빛을 받는 지역은 낮이 되고, 햇빛을 받지 못하는 지역은 밤이 되지.

나, 지구가 스스로 돌기 때문에 낮과 밤이 생기는 거야.

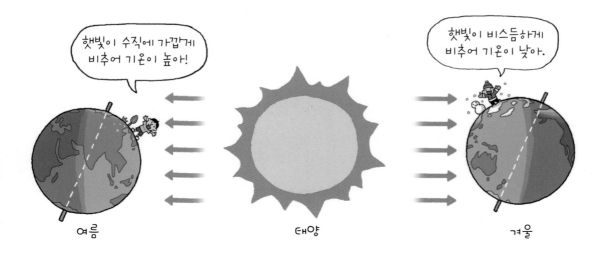

스톤헨지 할아버지는 몰랐지만 시완이의 말처럼 지구는 자전한다. 자전하는 데 걸리는 시간은 약 24시간, 정확하게는 23시간 56분 4초이다. 그리고 지구는 아무렇게나 막 돌지 않고 지구의 남극과 북극을 연결한 직선을 축으로 돈다. 이 직선을 자전축이라고 부른다.

그런데 지구의 자전축은 약 23.5도 기울어져 있다. 이렇게 지구가 기울어진 채로 태양 주위를 돌기 때문에 지구에서 지역마다 햇빛을 받는 양이 달라져서 계절이 생긴다. 태양이 높이 떠 햇빛이 많이 비추는 때는 여름이 되고, 햇빛이 비스듬히 퍼져 적게 비추는 때는 겨울이 된다. 이렇게 지구가 태양의 주위를 한 바퀴 도는 데 걸리는 시간은 약 365일이다.

스스로 도는 지구의 자전 현상으로 태양이 뜨고 지면서 하루라는 시간의 개념이 생겼고, 또 자전축이 기울어진 채 지구가 태양의 주위를 공전하여 계절이 변하는 일 년이라는 시간의 개념이 생겼다.

달의 움직임과 시간

시완이는 달의 움직임으로 어떻게 시간을 아는지도 궁금했다.

'어두운 저녁이나 밤, 새벽에 옛날 사람들은 달을 보고 시간을 알았다고 하는데 달의 움직임으로 어떻게 시간을 안 걸까?'

스톤헨지 할아버지의 말처럼 옛날 사람들은 태양뿐 아니라 달의 움직임으로도 시간을 알았다.

달은 모양도 변하기 때문에 시간의 흐름을 가늠하는 기준으로 삼기에 좋았다. 어떤 때는 둥글게 보이고, 또 어떤 때는 반원으로 보이고, 또 어떤 때는 눈썹 모양처럼 보이기 때문이다. 또 태양은 눈이 부셔서 제대로 쳐다보기가 어렵지만 달은 똑바로 쳐다볼 수 있어서 자세히 관찰하기도 쉬웠다.

스톤헨지 할아버지가 의미심장한 표정으로 시완이에게 말했다.

"달을 관찰해서 우리들은 **놀라운** 것을 알아냈어."

"그게 뭔데요?"

"달의 모양이 눈썹 모양에서 반원, 원 그리고 다시 반원이 되었다가 눈썹 모양의 순서로 변한다는 것을 알았지."

"그랬군요. 그러면 달의 모양이 다시 원래의 모습으로 되돌아올 때까지 약 29일에서 30일이 걸린다는 것도 아세요?"

"그건 잘 모르겠구나."

스톤헨지 할아버지와 그 마을 사람들은 그것까지는 몰랐나 보다. 그렇지만 옛날 사람들은 달의 모양 변화를 통해 한 달이라는 시간을 알았다.

음력
2~3일 　음력
7~8일 　음력
15일 　음력
22~23일 　음력
27~28일

달의 모양 변화
달의 모양을 관찰해 보면, 달은 약 한 달 간격으로 모양이 변한다.
또 음력 날짜를 기준으로 일정한 순서대로 변하는 것도 알 수 있다.

"달의 모양이 왜 변하는지 아세요?"

시완이가 다시 스톤헨지 할아버지에게 물었다.

"글쎄? 나도 그게 **궁금해.** 우리가 사는 곳과의 거리가 멀어졌다 가까워졌다 하는 걸까? 아니면 우리 눈에 안 보이는 어떤 별이 달을 가리는 걸까?"

"둘 다 아니에요. 그건 달이 지구 주위를 한 바퀴 도는 공전이라는 것을 하기 때문이에요."

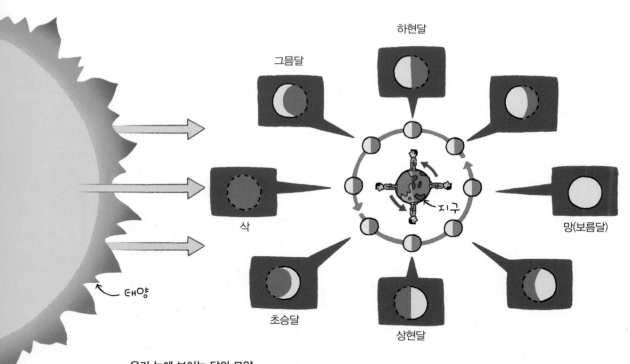

우리 눈에 보이는 달의 모양
달이 공전하기 때문에 우리에게 보이는 달의 모양이 달라진다.
왜냐하면 달은 스스로 빛을 내지 못하므로 태양 빛을 받는 부분은
밝게 보이고, 태양 빛을 받지 못하는 부분은 어둡게 보이기 때문이다.

"공전?"

"네. 어떤 별이 다른 별의 둘레를 도는 것을 공전이라고 불러요. 달이 지구의 둘레를 도는 것처럼 말이에요."

"달이 우리가 사는 곳에 그냥 떴다가 지는 것이 아니라 우리가 사는 곳 주변을 돌고 있다고?"

시완이의 설명에 스톤헨지 할아버지는 **알쏭달쏭**하다는 표정을 지었다.

옛날 사람인 스톤헨지 할아버지는 이해하기 어렵겠지만 달의 모양이 변하는 것처럼 보이는 것은 시완이 말대로 달이 지구 주위를 공전하기 때문이다.

정확하게 말하면 달이 지구 주위를 돌면서 태양, 지구, 달의 위치가 달라지기 때문이다. 달의 모양은 지구에서 바라보는 사람의 위치에 따라서도 그 모양이 다르게 보인다.

보름달에서 다시 보름달이 되는 시간은 항상 같지는 않지만 평균적으로 29.5일이다. 그렇다면 달이 지구 주위를 한 바퀴 도는 시간이 29.5일일까? 아니다. 달이 지구 주위를 한 바퀴 도는 시간은 27.3일이다.

왜 두 시간이 다를까? 그건 달이 지구 주위를 공전하는 동시에 지구도 태양 주위를 공전하기 때문이다.

보름달은 달과 지구가 공전하면서 **태양**과 **지구**와 **달**의 위치가 순서대로 일렬로 있어야 볼 수 있다. 그리고 다시 보름달을 보려면 달이 지구 주위를 한 바퀴 돌아 태양과 지구와 달의 위치가 다시 일렬이 되어야 한다.

이때 지구가 공전하기 때문에 태양과 지구와 달이 다시 일렬이 되려면 달이 약 2.2일을 더 돌아야 보름달을 볼 수 있다.

시차? 그게 뭔데?

시완이는 스톤헨지 할아버지를 통해 옛날 사람들이 어떻게 시간을 알게 되었는지를 짐작할 수 있었다. 그러다가 시완이는 문득 가족과 집이 그리워졌다. 그러면서 스톤헨지 할아버지와 시차에 대한 이야기를 하게 되었다.

"시차는 우리가 사는 곳, 곧 지구의 각 지역에 따라 태양이 뜨고 지는 시각이 서로 다르다는 말이에요."

"태양이 뜨고 지는 때가 다르다고? 어떻게 그럴 수 있지?"

"시차가 생기는 이유는 둥근 지구가 태양 주위를 공전하면서 스스로 도는 자전도 하기 때문이지요."

"스스로 돌고, 태양 주위를 도는 지구가 둥글다고?"

"그래요. 지구가 둥글죠. 정말이에요."

옛날 사람들은 태양이 떠오를 때나 태양이 하루 중에 가장 높이 떠서 머리 위에 올 때를 기준으로 시각을 맞추었다. 그래서 태양을 기준으로 시각을 맞추면 지역뿐만 아니라 나라와 도시마다 시각이 제각각 달랐다. 물론 옛날 사람들은 스톤헨지 할아버지처럼 지역마다 시각이 다른 줄은 몰랐을 것이다.

만약 다른 지역에서 동시에 태양을 보고 시각을 맞춘다고 생각해 보자. 어떤 곳에서는 아직 태양이 높이 뜨지 않아 정오가 되려면 한참이 남았지만, 또 다른 어떤 곳에서는 이미 태양이 가장 높이 떠 있는 것을 보고 정오라고 생각할 수 있다. 또 태양이 아직 비추지 않는 곳에서는 태양이 뜨지 않아 밤이라고 생각할 수도 있을 것이다.

태양이 뜨고 지는 것에 따라 시각을 정하면 태양을 관찰하는 지역에 따라 시각이 달라져서 멀리 떨어진 곳의 사람들과 시간을 맞추기 어렵다.

나라마다 태양이 가장 높이 떠 머리 위에 올 때를 기준으로 시각을 정하면 나라마다 차이가 너무 **심했다.** 더욱이 미국처럼 넓은 나라는 한 나라 안에서도 지역에 따라 시각이 다를 수 있어 지역을 이동하면 시각을 매번 조절해야 했다. 그래서 사람들은 세계 시각의 기준을 정하게 되었다.

"1884년에 미국이라는 나라에서 국제회의가 열렸어요. 이 회의에서는 할아버지가 사는 영국의 **그리니치 천문대** 를 기준으로 세계 시각의 기준을 정했지요."

"그리니치 천문대? 이곳처럼 하늘의 별들을 관찰하는 곳이군!"

"그래요. 훗날의 사람들은 둥근 공과 비슷한 지구에서 각 지역의 위치를 나타내기 위해서 나름대로 지구에 가로와 세로로 선을 그어 표시했어요."

"자기들 마음대로?"

영국의 그리니치 천문대
1675년 천문 항해술을 연구하기 위해 만들었다.
주로 천체를 관측하거나 시각을 측정하는
곳으로, 현재 영국 케임브리지에 있다.

"네, 편리하도록 그렇게 한 거예요. 가로선은 적도라는 곳과 평행하게 원으로 선을 그어 위도라고 했고, 적도와 수직이 되게 **남극**과 **북극**을 연결하는 세로선을 그어 자오선이라고 했지요."

"그래서?"

"그리고 그리니치 천문대를 지나는 자오선을 세계 시각의 기준이 되는 선이라고 정한 거예요. 세계 시간도 이 기준에 따라 정해지고요."

그렇게 정한 선을 기본이 되는 맨 처음의 자오선이라 하여 '본초 자오선'이라고 부른다. 또 지구 상의 한 지점을 지나는 자오선과 그리니치 천문대를 지나는 본초 자오선의 각도를 그 지점의 '경도'라고 한다.

경도는 본초 자오선을 기준으로 동서로 얼마나 떨어져 있는지를 각도로 나타내는 것이다.

같은 경도의
위치들을 선으로
그으면 자오선
이구나!

세계의 시각

경도의 기준이 되는 본초 자오선은 경도 0도이고, 동쪽으로 180도까지 그린 경도를 동경 180도, 서쪽으로 180도까지 그린 경도를 서경 180도라고 한다. 시간은 서경에서 동경 방향으로 흐른다.

그런데 지구가 자전하는 데 약 24시간이 걸린다. 즉 지구는 360도 회전

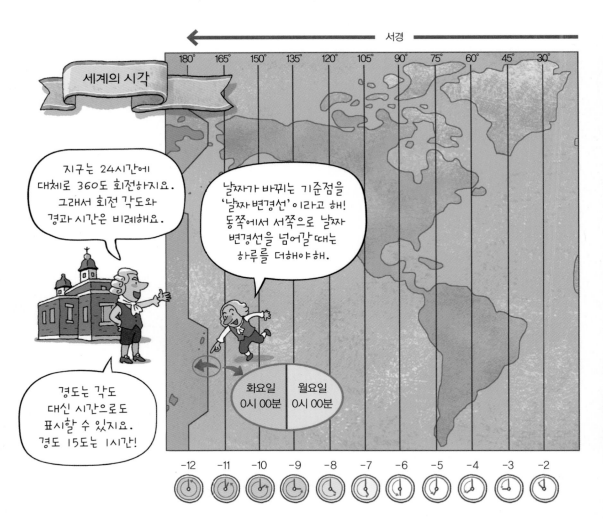

하는데 약 24시간이 걸린다는 뜻이다. 360도를 24시간으로 나누면, 약 1시간이 15도 정도 된다. 그래서 경도는 각도 대신 시간으로도 표시할 수 있다. 즉 경도 15도는 1시간에 해당된다는 말이다.

본초 자오선의 시각을 세계 시각의 기준으로 정하고, 본초 자오선에서부터 15도마다 그려진 자오선을 기준으로 1시간씩 더하거나 빼서 지역마다 시각을 정한다. 우리나라는 동경 135도 표준시를 사용하기 때문에 본초 자오선의 시각에서 9시간을 더한 시각을 사용한다.

우리나라와 영국의 시차

시완이는 세계 기준이 되는 시각에 대한 이야기를 하다가 **갑자기** 빙그레 웃음을 지었다. 영국에서 뛰고 있는 대한민국 축구 선수를 떠올리며 재미있는 생각을 하게 되어서다.

"우리나라와 영국의 시차를 알면 간단하게 알 수 있겠지? 그런데 영국과 우리나라의 시차를 어떻게 알지?"

시완이가 혼자서 중얼거리며 곰곰이 생각을 하다가 손가락을 튕기며 말했다.

"그래. 대한민국의 경도를 알면 이곳 영국과의 시차를 알 수 있을 거야!"

시완이의 생각은 이러했다. 대한민국의 경도는 동경 120도에서 135도, 즉 본초 자오선으로부터 동쪽으로 120도~135도 정도 떨어져 있다.

그런데 대한민국은 동경 135도 표준시를 사용하고 있고, 동경 135도는 그리니치 표준시를 기준으로 9시간을 더한 시각을 사용한다.

그래서 본초 자오선이 지나는 영국에서 2015년 3월 1일 오후 2시에 축구 경기를 한다면, 대한민국 시각으로는 9시간을 더해 2015년 3월 1일 오후 11시 즉 **깜깜한** 밤에 그 경기를 볼 수 있다. 같은 순간인데도 시각이 다른 것이다.

"너는 우리 부족이 모르는 것을 참 많이도 알고 있구나!"

"네?"

스톤헨지 할아버지가 시완이를 바라보며 말했다.

"우리가 사는 이곳이 스스로 돌고 있고, 동시에 태양 주위를 돌고 있다는 엉뚱한 생각도 재미있어."

"그야……."

"우리가 사는 곳이 지역에 따라 태양이 뜨고 지는 시각이 서로 다르다는 말은 아주 그럴듯해."

"아. 네!"

시완이는 스톤헨지 할아버지에게 자기가 아는 것은 이미 과학적으로 밝혀진 사실이며, 자기는 미래 세계와 대한민국이라는 곳에서 왔다는 이야기를 하려다 꾹 참았다.

아무리 생각해 봐도 스톤헨지 할아버지가 자기의 말을 믿기 어려울 거라는 생각이 들었기 때문이다. 또 옛날 사람들의 생각을 그저 무시하고 옛날 사람들이 상상도 못할 훗날 사람들이 밝혀낸 사실들을 이야기하면 자기를 정말 이상한 아이로 볼 수도 있을 것 같아서였다.

어쨌든 시완이는 스톤헨지와 스톤헨지 할아버지를 만나서 아주 먼 옛날부터 사람들은 낮과 밤, 계절의 변화를 궁금해하면서 시간이라는 것에 대해 알았고, 태양, 달을 보면서 시간의 흐름을 이해하고 있었다는 것을 알게 되었다.

어느덧 스톤헨지에 어둠이 내리고 있었다. 하늘에는 밝은 보름달이 떠 있었다. 시완이는 보름달을 물끄러미 바라보았다.

"애야, 뭘 그렇게 물끄러미 보고 있니?"

"달이요. 제가 살고 있는 곳보다 보름달이 더 크고 밝아 보여서요."

"허허, 그래?"

"네, 하늘에 떠 있는 달이 이렇게 아름다운지 몰랐어요."

"오늘따라 달이 더 밝구나. 이제 그만 내려가야겠다. 가족들이 기다리고 있을 것 같구나."

스톤헨지 할아버지는 마을로 발걸음을 돌렸다. 시완이도 할아버지를 따라 마을로 향했다.

어두워지자 마을 사람들은 이곳저곳에 모여 앉아 이야기를 나누었다. 그 사람들 속에 시완이도 있었다. 그러다 시완이는 낯선 시간 속 첫 여행이 힘들었는지 **꾸벅꾸벅** 졸기 시작했다.

멀 그렇게 보고 있니?

와, 달이 정말 밝아요.

39

Q | 시각과 시간은 어떻게 다를까?

A | 시각은 시간의 어느 한 시점을 말한다. 반면 시간은 어떤 시각부터 어떤 시각까지의 사이를 나타내는 말로 시각보다 범위가 넓다. 예를 들어 '기차의 출발 시각은 오후 2시 정각입니다.'라고 표현한다. 하지만 어느 한때에서 다른 한때까지는, '점심시간은 오전 11시 50분부터 오후 1시까지입니다.'라고 한다.

4학년 2학기 과학 4. 지구와 달

Q | 자전이란 무엇일까?

A | 자전은 우주에 있는 물체가 스스로 일정한 축을 중심으로 회전하는 것을 말한다. 우리가 살고 있는 지구도 자전하기 때문에 매일 태양이 뜨고 지는 현상이 일어난다.

지구는 남극과 북극을 연결한 직선을 축으로, 약 24시간에 한 번씩 자전한다. 이때 남극과 북극을 연결한 직선을 자전축이라고 하는데 약 23.5도 기울어져 있다. 지구는 약 24시간에 한 번씩 자전하기 때문에 하루가 24시간인 것이다.

계절의 변화는 왜 생길까?

지구가 태양의 주위를 공전하는 현상으로 계절이 변하면서 일 년이라는 시간의 개념이 생겨났다. 지구는 약 24시간에 한 번씩 자전하면서, 동시에 태양 주위를 도는 공전을 한다. 그런데 지구의 자전축이 23.5도 기울어져 있어서 계절의 변화가 생긴다.

태양이 높이 떠 햇빛이 많이 비추는 때는 여름이 되고, 햇빛이 비스듬히 퍼져 적게 비추는 때는 겨울이 된다. 이렇게 지구가 태양의 주위를 한 바퀴 도는 데 걸리는 시간은 약 365일이다. 그래서 1년은 365일이 된 것이다.

여름　　　　　　겨울

달의 모양은 왜 변할까?

지구가 태양의 주위를 공전하는 것처럼 달은 한 달에 한 바퀴씩 지구의 주위를 공전한다. 그래서 우리 눈에는 햇빛이 비추는 달의 부분만 보인다. 지구, 달이 움직이니, 햇빛을 받는 부분이 달라지고 달의 모양도 변하는 것처럼 보인다. 달의 모양은 지구에서 바라보는 사람의 위치에 따라서도 그 모양이 다르게 보인다.

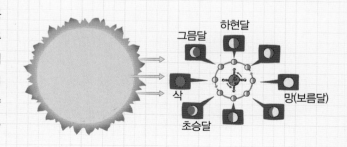

2장

시계 발전의
역사와 함께

오벨리스크에 기대어

소곤소곤, 수군수군.

시완이는 사람들이 웅성거리는 소리에 잠을 깼다. 눈을 뜨자마자 주변을 둘러보고는 깜짝 놀랐다. 자기가 벽돌에 기대어 있었고, 잠든 곳이 스톤헨지 할아버지가 사는 마을이 아니었기 때문이었다.

"어? 이곳은 내가 잠들었던 곳이 아니네?"

시완이는 정신을 차리고 일어나서 주변을 찬찬히 둘러보았다. 벽돌로 지은 거대한 건축물들이 눈에 들어왔다. 자기가 기댄 벽돌은 고개를 뒤로 끝까지 젖혀야 그 끝을 볼 수 있을 정도로 무척이나 높았다.

"우아, 멋진 탑이다."

"이 탑은 태양신을 숭배하기 위해 파라오께서 특별히 세우신 거야."

대답을 한 사람은 거무스름한 피부에 단정하게 단발머리를 한 잘생긴 청년이었다. 이곳을 지나가다가 시완이의 말을 듣고 대답한 것이다.

"태양신? 파라오? 그럼 여기는 이집트?"

"그래. 여기는 위대한 태양신이 돌보는 땅 이집트야!"

시완이는 자기에게 말을 건 청년을 쳐다보았다. 분명히 남자인데 치마를 입고 있었다.

'아! 내가 이번에는 이집트로 온 모양이구나.'

시완이는 이곳의 독특한 풍경과 이곳 청년의 차림새, 그리고 그가 말한 태양신과 파라오라는 말을 듣고 이곳이 이집트라는 걸 알아차렸다. 시완이가 기원전 1,500년 전의 이집트로 시간 여행을 온 것이었다.

"그런데 이 탑 어디서 많이 본 것 같아요. 사각형 모양의 기둥이 위로 올라갈수록 좁아지니 **피라미드**를 닮기도 했네요."

시완이가 다시 탑을 훑어보며 말하자, 이집트 청년이 대답했다.

"그러니? 차림새를 보면 우리 왕국 사람은 아닌데 어린애가 피라미드를 알고 있다니 똑똑하구나!"

"뭐 그 정도야……."

"아무튼 이 탑은 보통 탑이 아니야."

"네. 무척 거대하고도 멋진 탑인 것 같아요."

"그게 아니라, 이 탑은 태양신이 우리에게 매우 귀중한 것을 알려 주는 탑이야."

"귀중한 것이요? 그게 뭔데요?"

"그건 바로 시간!"

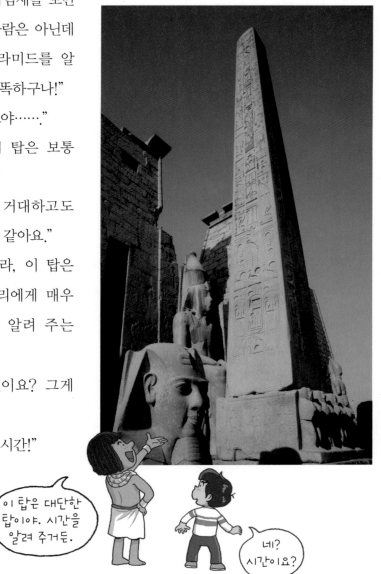

이 탑은 대단한 탑이야. 시간을 알려 주거든.

네? 시간이요?

시완이가 이집트에서 본 거대한 높이의 탑은 오벨리스크라는 건축물이었다. 오벨리스크는 고대 이집트 사람들이 섬겼던 태양신을 상징하는 기념물로, 사각형의 돌기둥이다. 위쪽으로 갈수록 가늘어지고, 꼭대기는 황금으로 만들어졌으며, 기둥에는 글자들이 새겨져 있었다.

"이 탑을 통해 시간을 알 수 있다고요?"

시완이는 탑 주위를 빙빙 돌며 다시 탑을 자세하게 살펴보았다.

"아무리 둘러봐도 탑 어디에도 시계가 붙어 있지 않은데요?"

"시계? 그게 뭔데?"

"시계도 모르세요?"

"그런 건 모르지만 우리는 이 탑을 통해 시간을 알아. 이렇게."

이집트 청년은 오벨리스크 주변 모래 바닥에 생긴 그림자를 가리켰다.

"이 탑의 그림자가 가리키는 곳을 보고 시간을 알지."

태양신이 오벨리스크를 통해 시간을 알려 준다는 말은 태양의 움직임에 따라 이동하는, 오벨리스크의 그림자를 보고 시간을 안다는 의미였다.

이렇게 옛날부터 사람들이 시간을 재는 기구에 관심을 갖게 된 것은 시간이 그들의 생활과 밀접한 관계가 있어서였다.

옛날부터 인류는 농사를 잘 짓기 위해 때를 잘 알아야 했다. 그래서 태양을 통해 알 수 있는 시간에 대해 깊은 관심을 갖게 되었고, 시간을 가늠하게 하는 태양을 신으로 숭배했다. 태양의 움직임을 기준으로 태양력이라는 달력도 만들었고, 태양의 움직임을 통해 시각과 시간을 알 수 있는 해시계도 만들었다.

물론 이집트 사람들뿐만 아니라 메소포타미아, 그리스, 인도, 중국 등 고대 문명이 싹튼 곳의 사람들 모두 시간을 정확하게 알아내려고 노력했다. 그리고 그들이 이용한 것은 주로 태양이었다.

태양의 그림자를 이용한 해시계

"그러니까 시계는 말이죠, 이 탑처럼 시간을 알려 주는 도구예요. 이 탑은 해시계라고 할 수 있지요."

"그렇겠구나! 하긴 이 탑을 세우기 전에는 **막대기** 하나로 시간을 짐작하곤 했지."

"그림자로 시간을 짐작할 수는 있지만 정확하게 알기는 어렵잖아요?"

"그렇지. 시간을 알려 주는 탑도 그래. 같은 시간이 흐르는 동안 탑의 그림자가 움직이는 간격을 표시해 보면 아침과 저녁에는 그림자가 움직인 간격이 넓고, 낮에는 간격이 좁거든."

"그야, 둥그렇게 보이는 하늘을 지나는 해의 움직임을 평평한 바닥에 그림자로 나타냈으니까 그럴 수밖에요."

"그러면 어떻게 하면 좀 더 정확한 시간을 알 수 있을까?"

"이곳과 좀 떨어져 있는 메소포타미아 사람들은 수직으로 세운 막대기 아래를 둥글게 해서 해시계를 만들었다는 말을 들었던 것 같아요."

"시간을 알려 주는 막대기 아래를 **둥글게?**"

시완이가 어디선가 들었던 말처럼 고대 메소포타미아에서는 수직으로 세운 막대기 바로 아래에 막대기 길이와 같은 반지름의 반구를 놓아 해시계를 만들었다. 반구 안쪽에 가로와 세로의 눈금을 새겨 그 눈금으로 막대기 그림자의 변화를 쉽게 알 수 있도록 한 것이다.

"그래. 우리도 그런 걸 만들어 봐야겠구나! 그런데 넌 메소포타미아라는 곳에서 온 거니?"

눈금과 글자가 있네!

막대기만 있을 때보다 더 정확하게 그림자의 변화를 알 수 있어.

폴로스
메소포타미아의 해시계로 반구에 비친
막대기의 그림자로 시간을 알려 주었다.

"그건 아니고요……. 제가 온 곳에 살던 사람들은 솥 모양의 해시계를 만들기도 했어요."

"**솥 모양?** 그럼 오목하게 생겼겠네!"

"그래요. 앙부일구라는 이름의 해시계예요. 시간은 물론 계절의 주기까지도 정확하게 알 수 있는 해시계였지요."

조선 시대에 사용한 앙부일구는 오목한 반구 모양이어서 바늘의 그림자 길이와 위치의 변화를 더 정확하게 측정할 수 있었다. 이를 통해 시각은 물론 계절과 날짜까지도 정확하게 알 수 있었던 것이다.

시완이가 살던 곳에서 **오목한** 해시계를 만들었다는 말에 이집트 청년은 매우 큰 관심을 나타냈다.

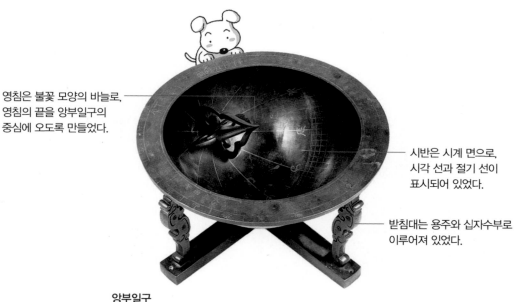

영침은 불꽃 모양의 바늘로, 영침의 끝을 앙부일구의 중심에 오도록 만들었다.

시반은 시계 면으로, 시각 선과 절기 선이 표시되어 있었다.

받침대는 용주와 십자수부로 이루어져 있었다.

앙부일구
우리나라 조선 시대에 사용한 해시계이다. 솥 모양 안쪽의 눈금은 24절기를 나타내고, 바늘의 그림자가 가리키는 눈금으로 시각을 알았다.

"그 오목한 해시계는 누가 만들었는데?"

"이집트의 파라오처럼 조선이라는 나라를 다스리는 세종 대왕이라는 왕이 만들게 했어요."

"조선? 세종 대왕?"

"네. 세종 대왕은 누구나 **편리하게** 시간과 절기를 알 수 있도록 사람들이 많이 다니는 곳에 앙부일구를 설치하게 했대요."

"그래? 백성들을 사랑한 파라오와 같은 왕이었구나! 그럼 네가 살던 왕국이 조선이라는 나라니?"

"그건 아니고요……."

세종 때 조선에서 만들어진 앙부일구를 포함한 해시계들은 임진왜란 이후에 대부분 사라지고 기록으로만 그 모습을 짐작할 뿐이다.

흐르는 물을 이용한 물시계

시완이가 이집트 청년과 한창 해시계에 대한 이야기를 나누는 중에 갑자기 하늘에 먹구름이 몰려오더니 주변이 **어두워졌다.**

똑똑, 후드득, 후드득.

그리고 빗방울이 떨어지기 시작했다. 소나기였다. 날씨가 흐려져 태양이 사라지자 오벨리스크의 그림자도 싹 사라지고 말았다. 시완이는 갑자기 태양이 구름 속에 숨거나 비가 내리는 날에 이곳 사람들은 어떻게 시간을 알았는지 궁금했다.

비가 오는 날이나 흐린 날이면 해시계는 쓸모없는 물건이 되었다. 그래서 이집트 청년의 말처럼 옛날 사람들은 이런 불편함을 줄이기 위해 태양이 뜨고 지는 것과 상관없이 항상 사용할 수 있는 물시계를 만들었다.

태양이 아닌 물을 사용하는 물시계는 그릇에 물이 차오르거나 밖으로 빠져나가며 생기는 물의 높이 변화를 이용해 시간을 알려 주는 장치였다.

"와, 대단하네요. 물을 이용해서 시간을 알 수 있다니!"

"그렇지. 시간을 알 수 없으면 너무 불편하니까, 사람들도 이런저런 시행착오를 거쳐서 방법을 찾아낸 거야."

"듣고 보니 모래시계와 원리가 비슷한 것 같아요. 물 대신 모래를 그릇에 담고 일정하게 빠져나가게 만든 거예요."

"아, 그런 방법도 있겠구나."

시완이는 문득 책에서 보았던 촛불 시계가 떠올랐다. 하지만 이집트 청년에게 이야기하지 않았다. 이집트 청년이 촛불을 알 리 없었기 때문이다. 촛불 시계는 양초에 눈금을 표시하고 불을 붙여 양초의 길이가 줄어드는 만큼의 시간을 측정하는 시계였다. 또 기름이 타서 없어지는 양으로 눈금을 읽어 시간을 알 수 있는 램프 시계도 떠올랐다.

모래시계

촛불 시계

램프 시계

시계 종류가 참 다양하네.

"제가 살던 곳에서도 세종 대왕이 자동 물시계를 만들게 했었어요."

"세종 대왕이란 사람은 시계를 엄청 좋아했나 봐!"

"그런가 봐요."

세종 대왕은 장영실에게 자동 물시계를 만들라는 명령을 내렸고, 장영실은 이천, 김조 등과 함께 스스로 종을 쳐서 시각을 알리는 물시계를 만들었다. 그 물시계의 이름은 **자격루!**

시간을 측정하는 시계 장치와 시각을 알려 주는 시보 장치로 구성된 자격루는 하루를 열둘로 나눈 시에 종을 울려 시각을 알렸다. 또 밤에는 하룻밤을 다섯으로 나눈 경에 북을 울려 시각을 알렸고, 경을 다시 다섯으로 나눈 점에는 징을 울려 시각을 알렸다.

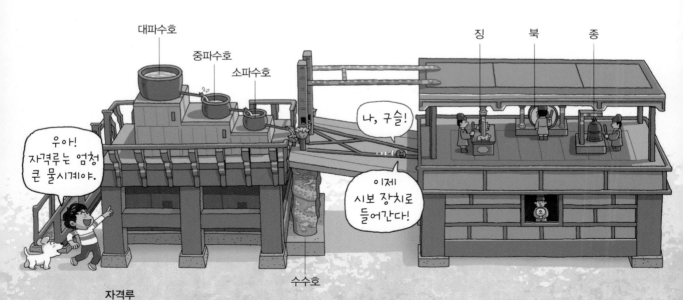

자격루
전체가 크게 시계 장치와 시보 장치로 구성되었다. 왼쪽 부분인 시계 장치에서는 파수호에서 물의 양이 일정하게 흘러 수수호로 들어가도록 했고, 오른쪽 부분인 시보 장치에서는 징, 북, 종으로 시각을 알렸다.

1 파수호에서 흘러내린 물이 수수호로 들어간다.

2 물이 차오르면서 수수호 안에 있는 부전이 위로 떠오르고 부전의 잣대가 위에 설치된 쇠구슬을 떨어뜨린다.

툭

잣대

부전

3 떨어진 쇠구슬은 시보 장치로 들어간다.

5 큰 구슬이 막대기의 한쪽을 누르면, 막대기의 다른 쪽이 들어 올려져 나무 인형을 움직이거나 종을 치게 하여 시간을 알린다.

땡

빼꼼

오

4 시보 장치 안에서 쇠구슬은 더 큰 구슬이 있는 다른 틀에 떨어져 지렛대의 원리로 큰 구슬을 이동시킨다.

다양한 물시계

고대 그리스의 물시계 클렙시드라

고대 그리스에서는 '클렙시드라'라고 하는 물시계가 등장했다. '클렙시드라'는 그리스 어로 '물을 훔치다'라는 뜻인데, 원래 두레박처럼 우물물을 긷는 도구였다고 한다.

클렙시드라는 금속 또는 점토로 만들어졌고, 밑바닥에 작은 구멍이 나 있어, 그 구멍으로 일정하게 흘러나오는 물의 양을 측정해 시간을 알 수 있었다.

크레시비오스가 만든 자동식 물시계

기원전 200년 무렵에는 그리스의 수학자이자 발명가인 크레시비오스가 이집트에 살면서 자동식 물시계를 만들었다.

크레시비오스는 커다란 용기에서 일정한 속도로 흘러나오는 물을 원통 용기 속으로 들어가게 했다. 원통 용기 안 물의 높이가 올라가면 용기 안에 세워진 인형이 지시봉으로 다른 원통에 새겨진 눈금을 가리켜 시간을 알려 주었다.

중국의 자동식 물시계

1090년 무렵, 중국에서는 소송이라는 사람이 높이 약 12m의 매우 특별한 물시계를 만들었다. 물레방아처럼 생긴 커다란 바퀴의 안쪽에 국자가 달려 있었는데, 물이 일정하게 국자로 떨어지면 바퀴가 돌면서 안에 있는 인형들이 정해진 시간에 나와 시간을 알려 주었다.

째깍째깍 기계식 시계

"그런데 아저씨, 제가 했던 시계에 대한 이야기들은 **비밀**이에요."

"왜? 네가 말한 오목한 해시계와 자동 물시계가 신기해서 파라오에게 알려 드리려고 하는데."

"그러면 제가 이상한 사람으로 몰려 감옥에 잡혀갈지도 몰라요. 아저씨가 비밀을 지켜 주시면 제가 정말로 **신기한** 시계 이야기를 해 드릴게요."

"알았어, 약속할게."

이집트 청년의 약속을 받고 시완이는 자연의 힘을 이용한 해시계나 물시계가 아닌 기계의 힘으로 움직이는 시계에 대해 이야기하기 시작했다.

파리 시계탑의 내부에는 원기둥 통에 노끈이 감겨 있고 노끈의 끝에는 추가 달려 있다.
그 추가 노끈을 잡아당기며 내려오면, 노끈이 감겨 있는 원기둥 통이 회전하고, 그 회전으로
톱니바퀴들이 움직이면서, 톱니바퀴에 연결된 시침을 움직여 시간을 나타냈다.

"기계식 시계는 해시계와 물시계와는 좀 달라요. 째깍째깍, 똑딱똑딱 소리가 나요."

"와, 상상이 안되는데."

1364년 프랑스의 국왕인 찰스 5세는 독일의 기계 기술자를 프랑스로 데려와서 높이가 3미터나 되는 커다란 시계탑을 파리에 세우게 했다. 이 시계는 시를 알려 주는 시침과 시침을 움직이는 여러 개의 **톱니바퀴**로 구성되어 있었다.

그 뒤로 유럽에서는 시계탑이 주요 도시마다 설치되었다. 그렇지만 이렇게 만들어진 시계들은 시곗바늘이 시침 하나밖에 없어서 정확한 시간을 알기는 어려웠다.

1500년 무렵에는 금속으로 된 나선형 용수철이 만들어졌다. 그러자 시계 기술자들은 무거운 추 대신 나선형 용수철, 즉 태엽을 시계에 이용하기 시작했다. 그러면서 회중시계가 등장했다. 회중시계는 조끼나 재킷의 주머니에 넣어 가지고 다닐 수 있어서 당시 많은 사람들의 관심과 사랑을 받았다.

이렇게 추나 태엽, 톱니바퀴 등의 기계적인 장치가 일정한 진동으로 움직이는 시계를 기계식 시계라고 한다.

그런데 이집트 청년은 시완이가 말한 기계로 움직이는 시계가 그저 시완이의 **낭낭** 속에서나 존재하는 것으로 여기는 듯했다. 그 시대에는 기계라는 것을 알거나 이해할 수 없을 테니까.

— 태엽

회중시계는 감겨 있던 태엽이 탄성에 의해 풀리면서 톱니바퀴를 움직이는 원리를 이용해서 만들어졌다.

1960년대에 제작된 영화에서 회중시계를
사용하는 모습이다.

독일 시계 기술자인 페터 헨라인은 가로 길이가 5~7cm 정도의 회중시계
를 만들었는데, 이 회중시계는 태엽을 다시 감을 때까지 약 40시간을 사용
할 수 있었다. 헨라인이 만든 회중시계는 그 크기와 모양이 달걀과 비슷했
고, 상류층의 지위를 상징하는 물건이 되었다.

1581년에는 과학의 역사에 길이 남을 위대한 발견으로 기계식 시계의 새
로운 장이 열렸다. 그 발견은 진자가 일정하게 움직인다는 사실이었다. 갈

릴레오 갈릴레이는 진자가 좌우로 움직이는 데 걸리는 시간, 즉 주기는 항상 일정하다는 사실을 발견했던 것이다.

이 사실이 알려진 뒤 1637년에 네덜란드 과학자 크리스티안 하위헌스는 진자의 운동 원리를 이용하여 진자시계를 발명했다. 흔들리는 추, 즉 진자를 통해 시계의 톱니바퀴가 움직이는 속도를 **일정하게** 조절한 것이다.

하위헌스는 진자의 운동 원리를 이용하여 진자 시계를 만들었다.

진자로 시계의 톱니바퀴가 움직이는 속도를 조정하자 시계의 시각이 상당히 정확해졌다.

1676년에는 물리학자 로버트 훅이 탈진기를 발명하여 시계 속에 집어 넣으면서 더욱 정밀한 시계가 만들어졌다.

태엽이 감겼다가 탄성에 의해 풀리면서 기계식 시계를 작동시키는 장치라면, 탈진기는 추와 같은 진자의 운동을 이용해 일정한 시간을 간격으로 톱니바퀴를 회전시키는 장치였다. 탈진기를 이용한 시계의 발명으로 휴대용 시계가 점점 발전하게 되었다.

"자연의 힘을 이용하지 않고 움직이는 시계는 상상 속에서나 가능할 것 같은데…… . 정말 그런 시계가 있다는 거니?"

이집트 청년은 여전히 기계식 시계에 대해 **궁금해했다.**

"네, 자연의 힘 대신 태엽이라는 긴 띠를 돌돌 말았다가 그것이 풀리는 힘으로 시계를 움직이게 하는 거예요."

탈진기의 규칙적인 진동은 앵커라는 장치를 통해 탈진 바퀴로 전해진다. 그러면 탈진 바퀴가 일정한 속도로 돌며 동력이 생기고, 그 동력은 초침이 붙어 있는 4번 바퀴, 분침이 붙어 있는 3번 바퀴, 시침이 붙어 있는 2번 바퀴로 전달된다. 이렇게 규칙적인 진동에 의해서 시곗바늘이 움직이기 때문에 시계는 규칙적인 시간을 나타낼 수 있다.

"아, **돌돌** 말았다가 풀어지는 힘으로……."

이집트 청년은 곰곰이 뭔가를 생각하는 것 같았다.

시계의 태엽이 다 풀리면 시계가 멈춘다. 그러니 태엽이 다 풀리기 전에 다시 태엽을 감아 주어 계속 시계가 움직이게 해야 한다.

태엽을 계속해서 감아 주는 것이 불편했기 때문에 사람들은 스스로 태엽을 감는 시계를 만들었다. 사람이 직접 손으로 태엽을 감아 주는 기계식 시계를 수동식 시계라고 하고, 사람이 태엽을 감아 주지 않아도 멈추지 않는 시계를 자동식 시계라고 한다.

"나중에는 태엽을 돌돌 마는 것도 저절로 되는 시계가 나왔어요."

"뭐라고? 말도 안돼."

이집트 청년은 또다시 **놀랐다.** 자동식 시계 내부에는 반달 혹은 부채 꼴 모양의 로터라는 금속판이 있다. 시계가 조금이라도 움직이면 로터가 뱅글뱅글 돌아가면서 로터에 연결된 장치가 태엽을 감아 준다.

시완이는 이집트 청년에게 기계식 시계를 더 이상 설명하는 것이 무리라고 생각했다.

"손목에 차는 시계가 있다는 사실 아세요?"

"시계를 사람의 손목에 찬다고?"

"그래요."

이집트 청년은 눈을 **휘둥그레** 뜨며 놀란 표정을 지었다.

기계식 시계가 처음 만들어졌을 당시만 해도 사람들은 이집트 청년처럼 시계를 손목에 찬다는 생각은 전혀 하지 못했다. 손목시계가 등장한 것은 불과 100여 년 전인 1900년대였으니까.

시계의 눈부신 발달

이집트 청년에게 손목시계에 대한 이야기를 하다 보니 시완이는 **문득** 얼마 전에 엄마에게 손목시계를 사 달라고 졸랐던 일이 떠올랐다.

요즘에는 휴대 전화나 컴퓨터 등에서도 쉽게 시간을 확인할 수 있다. 손목시계처럼 손목에 찰 수 있는 스마트 워치도 개발되었다. 특정 인물이나 정보에 따라 알람을 설정하면 설정에 맞게 시간을 알려 주는 기능은 물론 컴퓨터의 기능도 할 수 있다.

시계도 자기의 자리를 다른 전자제품에 빼앗길 수 없었다. 그래서 시계 기술자들은 시계에 여러 가지 기능을 넣기 시작했다.

시계 내부에 1부터 31까지 적힌 둥근 원판을 연결해 달력의 기능을 넣기도 했다.

또 동시에 세계 다른 도시의 시간을 보여 주는 시계와 물속에서 제 기능을 하는 시계가 등장했다.

── 날짜

시계가 발전하면서 여러 가지 기능이 추가되었다. 날짜를 알려 주는 기능이 추가된 시계이다.

시완이의 이야기를 흥미롭게 듣던 이집트 청년이 갑자기 주변을 둘러보더니 시완이에게 말했다.

"너랑 이야기를 나누다 보니 시간이 많이 지난 것 같구나! 내가 잠시 어디 좀 다녀와야겠다."

"네? 네."

"그동안 혼자 있을 수 있겠니?"

"네."

"아무 데나 가지 말고 이 탑 주변에 꼭 있어야 돼."

"네. 그럴게요."

이집트 청년이 저벅저벅 사람들이 모여 있는 곳을 향해 걸어갔다. 시완이는 이집트 청년의 뒷모습을 보다가 태양에 눈이 부셔 고개를 돌렸다. 갑자기 머리가 띵하고 어질어질했기 때문이다.

시완이는 털썩 그늘진 오벨리스크에 기대앉았다. 그리고 얼마 지나지 않아 꾸벅꾸벅 졸고 말았다.

STEAM 쏙
교과 쏙

 | 해시계는 어떤 원리로 시간을 알려 줄까?

 해시계는 태양의 움직임에 따른 물체의 그림자 길이와 위치의 변화를 관찰해서 시간을 재는 시계이다. 즉 막대기를 세워 생기는 그림자로 시간을 짐작한다. 하지만 시간을 정확하게 알기는 어려웠고, 날씨가 흐린 날이나 밤에는 그림자가 생기지 않아 시간을 알 수 없었다.

 | 앙부일구는 어떻게 시간을 알려 줄까?

 앙부일구는 우리나라의 조선 시대 세종 때 만든 해시계이다. 하늘을 쳐다보는 솥 모양의 해시계라는 뜻의 앙부일구는 시간은 물론 계절의 주기, 즉 절기까지도 정확하게 알려 주었다. 솥 모양의 그릇 안쪽에 24절기를 나타내는 눈금이 새겨져 있고, 북극을 가리키는 바늘을 꽂아 그 그림자가 가리키는 눈금에 따라 시각을 알 수 있게 만들어졌다.

물시계는 어떤 원리로 시간을 알려 줄까?

물시계는 좁은 구멍을 통하여 물을 일정한 속도로 그릇에 떨어지게 만들었다. 그래서 그릇에 고이는 물의 양이나 줄어든 물의 양을 측정해서 시간을 알 수 있도록 만든 시계이다. 물시계를 이용하면 날씨가 흐린 날이나 밤에도 시간을 알 수 있었다.

클렙시드라

중국의 자동식 물시계

  기계식 시계는 어떻게 정확해졌을까?

갈릴레오 갈릴레이의 위대한 발견으로 기계식 시계가 정확해질 수 있었다. 그것은 진자가 좌우로 움직이는 데 걸리는 시간, 즉 주기가 항상 일정하다는 것이다. 이것을 진자의 등시성이라고 한다.

갈릴레오 갈릴레이가 진자의 등시성을 발견한 뒤 1673년 네덜란드의 과학자가 진자의 운동 원리를 이용해서 진자시계를 만들었다. 흔들리는 추인 진자를 통해 시계의 톱니바퀴가 움직이는 속도를 일정하게 조절하여 시각을 더 정확하게 맞추게 된 것이다. 이렇게 갈릴레오 갈릴레이의 발견으로 기계적인 장치가 일정한 진동으로 움직이는 기계식 시계가 등장하게 되었다.

3장

숫자를 품은 시간을 따라

〈천지창조〉 벽화 아래

"얘야, 이제 기도 그만하고 집에 가야지?"

시완이는 누군가가 자기를 향해 말하는 소리를 듣고 잠에서 깼다.

눈을 뜬 시완이는 주변을 둘러보고 **깜짝 놀랐다.** 벽과 천장에 온통 그림이 그려진 낯선 곳에 와 있었기 때문이었다. 그런데 천장에 그려진 그림들이 낯설지 않았다. 어디서 많이 보았던 그림이었다.

시완이를 깨운 목소리의 주인공은 붉은 망토를 두르고 높은 모자를 쓴 할아버지였다. 손에는 십자가를 들고 있었다.

"그림이 참 **멋지지?**"

저 그림은 미켈란젤로의 〈천지창조〉란다.

우아, 저 그림은 뭐예요?

"네. 제가 마치 멋진 그림책 속에 있는 것 같아요."

"지금으로부터 70년 전인 1512년에 미켈란젤로라는 화가가 그린 〈천지창조〉라는 그림이란다."

"미켈란젤로? 천지창조? 그럼 여긴 성당인가요?"

"그래. 시스티나 성당이야."

시완이가 와 있는 곳은 이탈리아 로마의 서쪽 바티칸 시국 안에 있는 시스티나 성당이었다.

'1512년이 70년 전이라면 지금이 1582년이라는 말인가?'

시완이는 할아버지의 말을 듣고 자기가 도착한 곳의 시대를 짐작할 수 있었다.

"할아버지는 누구세요?"

"나는 교황이야. 그레고리우스 13세라고 해."

'할아버지가 교황님! 그럼 여기는 교황님이 살고 있는 이탈리아 속 바티칸이라는 말이네!'

시완이는 자기가 도착한 곳이 어딘지도 알게 되었다.

"그런데 넌 누구니? 왜 이곳에 혼자 있는 거니?"

"저는 시완이라고 해요. 이곳에 온 사정을 이야기하자면 좀 복잡해요."

시완이는 머리를 긁적이며 대답했다.

"그래. 그런데 난 지금 시간과 날짜를 구분하는 데 오차가 생겨서 그 문제를 해결하려고 수학자들을 만나러 가는 중이란다."

시완이는 다시 머리를 긁적이며 생각했다.

'시간이랑 날짜에 문제가 생겼는데 왜 수학자를 만나지?'

시간을 품은 달력

교황 할아버지가 머리를 긁적이는 시완이에게 말했다.

"시간이랑 날짜가 수학이랑 무슨 관계가 있는지 **궁금하지!?**"

"네!"

"달력이 뭔지는 아니?"

"절 어떻게 보고 그런 질문을 하세요? 달력은 1년의 날짜를 순서에 맞게 월, 일, 요일로 표시한 것이잖아요."

"그래. 달력에는 열두 달과 날짜를 알려 주는 숫자, 요일을 알려 주는 글자만 있어서 단순해 보이지. 하지만 달력이 만들어지기까지는 꽤 오랜 시간이 걸렸지."

"고대부터 있었던 거 아닌가요?"

"고대 이집트에서 태양의 움직임을 기준으로 태양력이라는 것을 만들었

바빌로니아력
기원전 30세기경 바빌로니아 사람들이 사용한 태음 태양력이다. 평년을 12개월, 윤년을 13개월로 했다.

아스테카력
아스테카인의 우주관과 세계관을 원판의 돌에 새긴 것이다. 중앙의 태양상 주변에 아스테카의 달력을 나타내는 문자와 기호가 있다.

고, 기원전 46년에는 로마의 영웅인 율리우스 카이사르가 이 달력을 바탕
으로 '율리우스력'이라는 새 달력을 만들었어."

"율리우스력? 율리우스 카이사르가 만든 달력이라는 뜻인가요?"

"그렇지. 차림새는 우스꽝스러워도 무척 **똑똑한** 아이로구나!"

"헤헤, 뭘요……."

"율리우스력은 1년을 365.25일로 정하고, 평년은 365일로 하되, 4년마다
1일을 추가하기로 했어. 그런데 세월이 흐르면서 문제가 생겼지."

"무슨 문제인데요?"

"달력의 날짜가 점점 느려져 매년 돌아오는 부활절이 열흘이나 빨라지게
된 거야."

율리우스력에서 1년을 365.25일로 계산한 값은 지구가 실제로 공전하는 주기보다 **조금 길었다.** 실제로 지구가 태양 주위를 한 바퀴 도는데 걸리는 1년은 약 365.2422일이어서 1년에 약 11분씩 차이가 나기 시작했고, 1,000년이 지나면서 약 11,000분이나 차이가 나게 된 것이다.

11,000분을 시간으로 계산하면 183.3시간, 시간을 일수로 나타내면 7.6일로 거의 10일 차이가 발생했다.

"열흘이요? 그럼 10일!"

"그래. 그래서 내가 천문학자와 수학자들을 만나 보려는 거야."

"그랬군요!"

1582년에 그레고리우스 13세가 새로운 달력에 대한 교황 칙서를 발표했다.

그 달력을 사람들은 그레고리우스 13세의 이름을 따서 '그레고리력'이라고 불렀다. 그 이후로 그레고리력이 가톨릭 나라들을 중심으로 유럽에 퍼져 나갔다. 세월이 흐르면서 이 달력은 세계에서 공통적으로 사용하는 달력이 되었다. 오늘날 우리가 사용하는 달력도 바로 그레고리력이다.

교황 칙서

- 계절과 달력을 일치시키기 위해 10일을 없앤다.
- 윤년의 규칙은 다음과 같이 새로 정한다.
  - 율리우스력에서와 같이 4년마다 윤년을 둔다.
  - 100의 배수가 되는 해에는 윤년이 없다.
  - 400의 배수가 되는 해에는 다시 윤년을 둔다.
- 부활절 날짜는 3월 22일과 4월 25일 사이에 보름달이 뜬 후, 첫 번째 일요일이다.

그레고리우스 13세.

재미있는 시간 계산

"10일이나 부활절이 빨라졌다니 열흘이라면 원래와 시간이……."

"10일을 시간으로 계산하면 1일이 24시간이니까 10×24=240시간이지."

"분으로 나타내면요?"

"240시간을 분으로 계산하면 240×60=14,400분."

"초로 나타내면요?"

"14,400×60=864,000초."

"와! 교황님은 어떻게 그렇게 시간도 잘 알고 계산을 잘하세요?"

"뭐, 이 정도야 기본이지. 우리들처럼 성직자들은 정확한 때에 예배와 기도를 드려야 하기 때문에 시간에 대해 잘 알아. 물론 계산도 잘하고."

그런데 교황 할아버지가 시완이에게 뜻밖의 질문을 했다.

"만약에 75초를 분으로 나타내면?"

"그야, 60초를 한 묶음으로 묶으면 1분이 되니까, 75초에서 60초를 빼면 15초가 남아요. 즉 75초를 1분 15초로 나타낼 수 있지요."

"어린애가 제법인데? 그래 네 말대로야. 초를 분으로 나타내려면 초를 60으로 나누어 얻은 몫을 분, 나머지를 초로 생각하면 되지."

"그러면 160초를 분으로 나타내면?"

교황 할아버지가 또 시완이에게 질문을 던졌다.

"그야, 60초가 1분이니까 160을 60으로 나눈 몫인 2가 분이 되고 나머지 40은 초가 돼요. 즉 160초는 2분 40초!"

"와! 너 정말 대단하구나! 이름이 뭐라고 했지?"

"시완이에요."

"그래. 초를 분으로 나타내거나 분을 초로 나타낼 때, 또는 분을 시로 나타내거나 시를 분으로 나타낼 때는 시간의 단위가 60이라는 것만 기억하렴."

교황 할아버지는 시완이와 시간에 대한 계산을 하는 것이 재미있었는지 또 시완이에게 시간 계산에 대한 질문을 했다.

"그렇다면 이런 경우는 어떨까? 네가 3시 10분에 배가 아파서 곰곰이 생각해 보니 50분 전에 간식으로 먹었던 빵이 아무래도 수상한 생각이 들었어. 그렇다면 과연 너는 빵을 몇 시 몇 분에 먹은 걸까?"

시완이가 얼른 대답을 하지 못하고 망설이자 교황 할아버지가 재빨리 시완이에게 말했다.

"이때는 시각에서 시간을 빼야 해. 즉 배가 아프기 시작한 시각 3시 10분에서 50분인 시간을 빼는 것이지. 분 단위부터 계산하는데 분 단위끼리 뺄 수 없을 때에는 시에서 60분을 빌려 오면 된단다. 그러면 시완이 네가 2시 20분에 빵을 먹었다는 것을 알 수 있어."

"아하! 그렇군요."

텔레비전의 프로그램에서 세계의 외딴섬을 소개하며 '서울에서 이곳 아프리카의 외딴섬까지는 54시간 걸림'이라는 자막을 보여 주었다면, 도대체 54시간은 **며칠이나** 걸리는 걸까?

시간을 일로 나타내려면 시간을 24로 나누어 얻은 몫을 일수, 나머지를 시간으로 생각하면 된다. 이때 시간을 24로 나누는 것은 1일이 24시간이기 때문이다.

따라서 54시간을 24시간으로 나누어 얻은 몫은 2, 나머지는 6으로 서울에서 외딴섬까지는 2일하고 6시간이 걸렸다는 말이다.

거꾸로 2일 6시간을 시간으로만 나타내려면 일수에 24를 곱하고 나머지 시간을 더하면 된다. 일수에 24를 곱하면 2일이니까 48시간, 여기에 6시간을 더하면 54시간이 된다. 이때 초 단위가 있어도 마찬가지로 계산한 값에 초를 더하면 된다.

시계의 숫자는 왜 1부터 12까지일까?

이번에는 시완이가 교황 할아버지에게 물었다.

"이곳에는 왜 시계가 없어요? 몇 시간이 지났는지 알 수가 없잖아요."

"광장에 가면 **멋진** 시계탑이 있단다."

그러다가 시완이는 또 문득 궁금한 게 생겼다.

"시계에는 왜 숫자가 12까지 밖에 없을까요? 하루는 24시간인데요."

"오전과 오후를 구분하기 좋게 하려고 그런 거 아닐까?"

교황 할아버지처럼 생각하는 사람들도 있지만 어떤 사람들은 1년에 보름달에서 다음 보름달이 될 때까지 또는 초승달에서 다음 초승달이 될 때까지의 기간이 12번 있기 때문에 12진법으로 시간을 표시한 것이라고 주장한다.

시계가 발명된 이후부터 오랜 세월 동안 사람들은 시계로 시간을 표현할 때 진법을 사용했다. 진법은 숫자를 사용하여 수를 나타내는 방법 중 하나이다. 시는 12진법, 분은 60진법을 사용한 것이다.

달이 12번 작아졌다 커졌다 하면 1년이 되니 시간은 12진법으로 해야겠어!

"우리가 가장 많이 쓰는 십진법을 사용해서, 10을 단위로 시간에 쓰면 더 편리하지 않을까요?"

"이미 먼 옛날부터 시간에 대한 단위로 12와 60을 사용해서 그게 익숙할 거고, 태양과 달의 움직임도 12라는 숫자에 맞아."

시완이의 생각처럼 18세기 프랑스에서도 시간의 단위를 십진법으로 바꾸려는 움직임이 있었다. 그런데 시간의 단위를 바꾸자 사람들이 **혼란**에 빠졌다. 왜냐하면 교황 할아버지의 짐작처럼 십진법은 태양과 달의 움직임과 맞지 않아서 오히려 실생활에 불편했기 때문이었다. 그래서 다시 12진법과 60진법을 기준으로 하는 시간 단위를 사용하게 되었다고 한다.

땡그랑, 땡그랑.

시완이와 교황 할아버지가 시간의 단위에 대해 한창 이야기를 나누고 있을 때 성당 밖에서 갑자기 종소리가 들렸다. 교황 할아버지가 종소리를 듣고는 시완이에게 말했다.

"얘야, 나는 이제 달력 위원회에 가 봐야 할 것 같구나."

"네. 어서 다녀오세요."

교황 할아버지가 서둘러 성당 밖으로 걸음을 옮기자 시완이는 성당 구석에 누워 천장의 그림들을 천천히 둘러보았다. 그러다가 성당의 구석진 기둥에 기대어 **스르르** 잠이 들고 말았다.

우리나라의 십이시진

　우리나라 조선 시대에는 1일을 12로 나누어 '십이시진'이라고 했다. 그러니까 1시진은 오늘날의 2시간인 것이다. 그리고 십이시진의 각 단위로 십이지를 사용했다. 바로 자시, 축시, 인시, 묘시, 진시, 사시, 오시, 미시, 신시, 유시, 술시, 해시였다. 자시는 오늘날의 오후 11시부터 다음 날 오전 1시까지로, 각 시는 2시간 단위였다.

　또 오후 7시부터 오전 5시까지를 일경(초경), 이경, 삼경, 사경, 오경이라는 단위로 나타내기도 했다.

　또한 '일각'이라는 단위도 사용했는데, 이는 1시진, 즉 2시간을 $\frac{1}{8}$로 쪼갠 정도의 시간을 말했다. 그러니까 오늘날의 15분 정도였다. 그리고 '반각'은 1시진을 반으로 나눈 것으로, 오늘날의 1시간 정도였다.

시간과 관련된 말 중에 자정과 정오라는 말이 있는데 자정은 자시의 한 가운데인 밤 12시를 말했고, 정오는 오시의 한가운데인 낮 12시를 뜻했다.

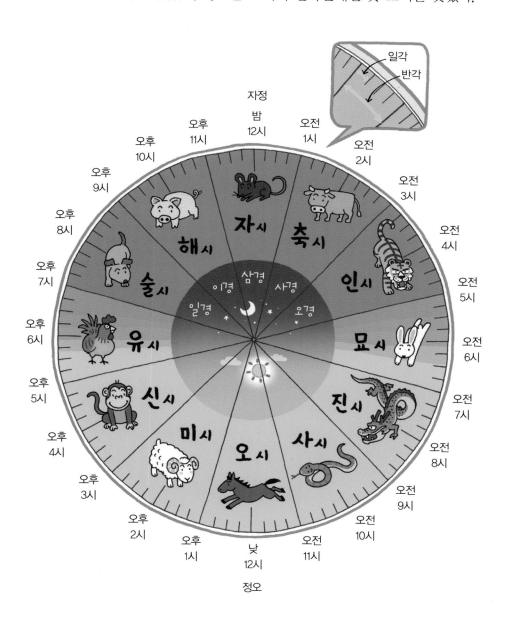

3학년 2학기 수학 1. 곱셈

 10일을 분으로 나타내면 몇 분일까?

 10일을 분으로 나타내려면 우선 하루가 몇 시간인지 알아야 한다. 지구가 자전하는 데 걸리는 시간이 약 24시간이니까, 하루는 24시간이다.

따라서 10일을 시간으로 나타내면 10(일)X24(시간)=240(시간)이다. 한 시간은 60분이기 때문에 240시간을 분으로 나타내면 240(시간)X60(분)=14,400(분)이다. 즉 10일은 14,400분이다.

3학년 2학기 수학 4. 나눗셈

 **학교에 가는데 25분이 걸린다면, 7시 55분에
출발했을 때 학교에 도착하는 시각은 몇 시일까?**

 학교에 도착하는 시간을 알려면 출발한 시각에 걸린 시간을 더해야 한다. 즉 출발한 시각 7시 55분에 걸린 시간 25분을 더한다. 먼저 분 단위부터 더하면 55분에 25분을 더해 80분이다. 80분을 60으로 나누면 몫이 1이고 나머지가 20이다. 따라서 7시에 1을 더해 8시가 되고, 나머지 20분을 더한다. 즉 학교에 도착하는 시각은 8시 20분이다.

시계에는 숫자가 왜 12까지만 있을까?

시계가 발명된 이후 오랫동안 사람들은 진법으로 시간을 표현했다. 진법은 숫자로 수를 나타내는 방법 중 하나로, 시는 12진법, 분은 60진법을 사용했다.

12진법으로 나타내려면 숫자가 1부터 12까지만 필요했다. 하루는 24시간인데, 12진법으로 시를 표현한 이유에 대해서는 여러 가지 이야기가 있다. 그것은 '오전과 오후를 구분하기 좋기 때문이다', '1년에 보름달에서 다음 보름달이 될 때까지, 또는 초승달에서 다음 초승달이 될 때까지의 기간이 12번 있기 때문이다' 등이다.

자정과 정오는 무슨 의미일까?

자정과 정오는 조선 시대에서 사용하던 말에서 유래되었다. 조선 시대에는 1일을 12로 나누어 '십이시진'이라 하고 단위로 십이지를 사용했다. 십이지는 자시, 축시, 인시, 묘시, 진시, 사시, 오시, 미시, 신시, 유시, 술시, 해시이다.

이때 자시는 오후 11시부터 다음 날 오전 1시까지로, 각 시는 2시간 단위이다. 오시는 오전 11시부터 오후 1시까지이다. 따라서 자정은 자시의 한가운데인 밤 12시를 말하며, 정오는 오시의 한가운데인 낮 12시를 말한다.

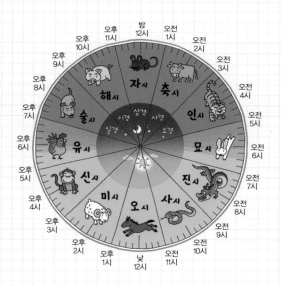

4장

장

숨어 있는 시계를 찾아

몸속에 시계가 있다고?

쿵쿵, 쿵쿵.

시완이가 잠에서 깬 건 누군가 시완이를 흔들어 깨워서가 아니었다. 상쾌한 바람이 코끝을 스치며 어디선가 **향기로운** 냄새가 났기 때문이다.

시완이는 자신이 다시 1582년의 이탈리아 바티칸 시국에 있는 시스티나 성당을 떠나 다른 곳으로 왔음을 직감했다.

"여기는 어디지?"

시완이가 혼잣말을 했는데 누군가 시완이의 말에 대답했다.

"어디긴 어디야? 숲 속이지!"

시완이는 주변을 둘러보았다. 사람이라고는 아무도 없었다.

"얘야. 뭘 그렇게 두리번거리니?"

"누구세요? 어디서 들리는 소리지? 주변에는 아무도 없는데……."

"나야 나. 나팔꽃!"

"어? 꽃이 사람 말을 하네!"

시완이가 깜짝 놀라며 말하자 나팔꽃이 웃음을 터뜨렸다.

"**키득키득**, 자연 속으로 온 걸 환영해. 반가워."

"아, 자연은 참으로 아름답고 평화로운 곳이구나! 여기 있으면 시간 가는 줄 모르겠다."

그러자 나팔꽃이 도도하게 말했다.

"천만의 말씀! 우리는 시간에 대해 아주 잘 알아. 식물도 동물과 사람처럼 몸속에 시계가 있거든."

"뭐? 몸속에 시계가 있다고?"

시완이의 놀란 모습을 보고 나팔꽃은 재미있다는 듯 깔깔거리며 웃었다. 그러자 시완이는 더욱 못 믿겠다는 듯 큰 소리로 다시 말했다.

"꽃 같은 식물이나 개구리 같은 동물, 또 사람 몸속에 시계가 있다고? 피, 순 거짓말!"

그러자 나팔꽃이 시완이에게 대답했다.

"한해살이 덩굴 식물인 나팔꽃은 마치 몇 시인지 아는 것처럼 매일 비슷한 시간에 꽃이 피었다가 지지."

"매일 비슷한 시간에 꽃이 핀다고?"

"나만 그런 게 아니야. 제비꽃, 진달래, 달맞이꽃도 마치 꽃을 피울 때를 아는 것처럼 늘 같은 시기에 꽃을 피운단다."

자연에 온 걸 환영해. 우리도 시간을 잘 알아.

으악, 나팔꽃이잖아!

"그래? 신기하다."

"그래서 꽃이 피는 시기에 따라 꽃 이름이 붙여졌지. 제비꽃은 가을에 떠난 제비가 돌아올 무렵에 꽃이 핀다고 붙여진 이름이고, 진달래는 꽃이 필 무렵이면 어김없이 두견새가 운다고 하여 두견화라고도 불러. 달맞이꽃은 달이 뜬 밤에 꽃을 피우기 때문에 달맞이꽃이라고 부르는 거고."

"진짜야? 그럴듯하네."

시완이는 고개를 갸우뚱거렸다.

"식물들은 계절도 알고 있어. 봄이 오면 목련, 개나리, 진달래가 피고, 가을이 오면 코스모스, 국화 같은 꽃이 피지."

"그럼 동물의 몸속에 시계가 있다는 건 어떻게 알 수 있어?"

"개는 매년 비슷한 시기에 털갈이를 해. 추운 지방에 사는 곰은 가을이 되면 먹이를 실컷 먹어 두지. 겨울 전에 미리 몸에 영양분을 저장하고 **겨울잠**을 준비해."

"곰이 겨울잠을 잔다는 건 알고 있어."

"다람쥐와 개구리도 매년 비슷한 시기에 겨울잠을 자고, 비슷한 시기에 깨어난단다."

"하지만 정말로 식물이나 동물의 몸속에 시계가 있는 건 아니잖아?"

그러자 나팔꽃의 얼굴이 **발그스름해지며** 시완이에게 다정스레 말했다.

"사실 몸속에 시계가 있다는 말은 여러 생명체들이 스스로 시간을 알고 활동한다는 말이야."

이처럼 식물과 동물은 마치 몸속에 시계가 있는 것처럼 스스로 일정한 시간을 알아차리고 그에 맞추어 살아간다.

사람 몸속에도 생물 시계가 있어

"정말로 내 몸속에도 생물 시계가 있을까?"

시완이가 자신의 몸 이곳저곳을 훑어보며 말했다.

"너, 밤이 되면 졸리고, 밥 먹을 때가 되면 배가 고프지?"

"그야, 당연한 거 아니야?"

"그게 바로 사람의 몸속 어딘가에 있는 시계에 따라 반응하는 거야. 사람의 몸속 생물 시계는 눈의 깜빡임과 호흡, 체온 변화, 심장 박동 등의 짧은 주기와 밤과 낮, 24시간 등의 긴 주기로 나눌 수 있어."

어떤 과학자는 사람의 생물 시계가 몸속 모든 세포에 존재한다고 주장했다. 즉 세포가 모여 장기를 이루기 때문에 장기마다 생물 시계가 존재한다는 것이다.

프랑스의 수학자이자 철학자인 르네 데카르트는 솔방울샘이라는 것이 사

사람 몸속 곳곳에 있는 생물 시계는 뇌의 영향을 받아요.

뇌

생물 시계에 영향을 주는 뇌도 생물 시계겠네요?

정확하게 말하면 뇌 속의 솔방울샘이 생물 시계라고 할 수 있어요. 솔방울샘은 낮과 밤을 알아차리고 호르몬을 분비해서 우리 몸을 변하게 하니까요.

솔방울샘

아, 신기하네요!

람의 생물 시계라고 주장했다. 사람 뇌 속 깊은 곳에 있는 솔방울샘은 직접 빛과 접촉하지는 않지만 낮과 밤, 계절 등에 따라 생체 리듬에 영향을 준다는 것이었다.

아직까지 생물 시계가 어떻게 사람의 몸에 시간 정보를 알려 주는지 명확하게 밝혀지지는 않았지만, 사람의 생물 시계는 수면, 체온, 혈압, 호르몬 분비량 등을 조절하며, 인체의 여러 기관에 영향을 미치는 것은 사실이다.

"사람 몸속에도 시계처럼 시간을 알려 주는 장치가 있다니 **놀라워!**"

시완이는 갑자기 궁금한 것이 생겨 나팔꽃에게 물어 보았다.

"그런데 만약에 생물 시계가 고장 나면 어떻게 되는 거야?"

"불면증이나 우울증, 암이나 정신 질환 같은 질병에 걸릴 수도 있어."

"맙소사, 생물 시계를 잘 관리해야 되겠구나."

"그렇지, 규칙적인 생활 습관을 가져 생물 시계를 잘 관리해야 **건강한** 어린이가 될 수 있어."

"이제부터 늦게까지 엄마 몰래 컴퓨터 게임하지 말고 일찍 자야겠어!"

시완이가 다짐하자 나팔꽃이 시완이의 말에 **맞장구쳤다.**

시간은 소중해

"그런데 말야, 어른들 중에는 밤에 일하고 낮에 자는 사람도 있잖아."

"그렇지. 하지만 옛말에 '일찍 일어나는 새가 벌레를 잡는다.'는 말도 있듯이 일찍 자고 일찍 일어나는 것이 좋지. 특히 어린이들에겐 더더욱."

나팔꽃의 말처럼 아침 시간을 어떻게 보내느냐에 따라 인생의 성공과 실패가 달려 있다고 했던 때가 있었다. 이렇게 아침의 시간 활용을 강조하는 어느 책에서는 아침 시간을 잘 활용하는 사람을 아침형 인간이라 불렀다. 그러면서 아침형 인간이 되기 위해서는 수면 시간을 오후 11시부터 오전 5시로 정하고 저녁과 아침에 할 일을 구분하고 반드시 아침 식사를 해야 한다고 주장했다.

그런가 하면 반대로 저녁형 인간을 강조하는 사람들도 등장했고, 이에 대

한 책도 나왔었다. 그들은 아침형 인간에 대한 일반적인 강요는 햇빛에 절대적으로 의존하던 시대에나 맞는 것이라고 주장했다.

"어두운 밤이 되면 아무것도 할 수 없었던 옛날과 달리 현재는 밤에도 불빛을 켜고 활동할 수 있는 시대잖아."

"음, 그건 맞는 말이네. 나도 해가 지고 난 뒤에 방에서 불을 켜 놓고 책을 읽고 숙제도 하거든."

시완이는 말을 하다 말고 시무룩한 표정을 지었다.

"갑자기 왜 말이 없어졌니?"

"어휴, 억울해. 옛날에 태어났으면 공부는 해가 떠 있을 때만 하면 되는 거였는데!"

"킥킥, 하지만 저녁형 인간이라고 주장하는 사람 중에는 밤에 공부가 더 잘된다는 사람도 있어."

"정말? 말도 안돼. 난 낮에도 밤에도 공부가 싫어."

투덜거리는 시완이를 보고 나팔꽃이 피식 웃었다.

그렇다면 아침형 인간, 즉 일찍 자고 일찍 일어나는 것과 저녁형 인간, 즉 늦게 일어나서 늦게 자는 것 중 어떤 것이 **바람직할까?**

많은 의사와 학자들은 하루의 능률을 높이기 위해서는 아침을 잘 활용하는 것이 중요하지만 그렇다고 해서 갑자기 생체 리듬을 바꾸는 것은 좋지 않다고 했다. 무리하게 생체 리듬을 바꾸다가 오히려 부작용을 일으킬 수 있다는 것이다.

결론은 자신에게 가장 잘 맞는 수면 시간을 선택하여 생활하는 것이 좋다는 것이다. 그리고 내 몸의 생물 시계를 제대로 작동시키기 위해서는 스스로 내 몸을 잘 관리해야 한다. 성장 호르몬이 평균적으로 밤 10시에서 새벽 2시 사이에 가장 많이 분비된다고 하니, 성장기 어린이와 청소년은 키가 크고 잘 성장하기 위해서는 아침형 인간으로 사는 것이 바람직할 것이다.

"건강한 어린이가 되려면 환경의 변화에 맞춰 규칙적인 생활을 해야 해."

"어떤 환경?"

"해가 뜨고 지면서 생기는 밤과 낮, 계절에 따라 생기는 봄, 여름, 가을, 겨울의 변화 말이야. 몸속의 생물 시계를 제대로 작동시키려면 이런 자연의 변화에 맞춰 규칙적인 생활을 해야 해."

"지금까지는 그냥 하고 싶은 대로 했는데, 늦은 시간까지 텔레비전도 보고 게임도 하고……."

"이제 그러면 안돼."

시완이는 매일 저녁이면 엄마가 하신 말씀이 생각났다.

나팔꽃과 생물 시계에 대한 이야기를 나눈 뒤 시완이는 따사로운 햇빛을 피해 어느 나무 그늘 아래 앉아 쉬고 있었다.

"하, 하."

시완이가 잇따라 하품을 해댔다.

솔솔 부는 시원한 바람, 머리까지 맑게 해 주는 상쾌한 자연의 공기가 시간 여행으로 지친 시완이의 긴장과 피곤을 풀어 준 모양이었다.

그러다가 시완이가 쿨쿨 다시 잠이 들고 말았다.

그리고 얼마나 시간이 흘렀을까, 시완이를 깨우는 반가운 목소리가 들려왔다.

"시완아! 이제 일어나야지. 벌써 해가 높이 떴어."

시완이 엄마의 목소리였다.

"휴, 꿈이었구나! 잠깐 동안에 이렇게 길고 생생한 꿈을 꾸다니……."

시완이는 몸을 반쯤 일으켜 책상 위에 있는 시계를 보았다.

"앗, 지각이다! 벌써 10시라니!"

그런데 창문 너머에서 아빠의 다정한 목소리가 들렸다.

"오늘은 즐거운 일요일!"

아빠는 벌써 마당에 나가 나무에 물을 주고 계셨다.

"아! 다행이다."

시완이는 마당에 계신 아빠를 보고 미소 지었다. 아빠는 시완이를 보고 손을 흔들었다.

그때 엄마 목소리가 다시 들려왔다.

"시완아, 아직 안 일어났니? 얼른 일어나서 아침밥 먹어야지. 우린 벌써 다 먹었어."

"네, 일어났어요. 금방 옷 갈아입고 먹을게요."

시완이는 엄마에게 대답하며 문득 시간이 멈추었으면 좋겠다고 했던 생각이 어리석었다는 걸 깨달았다.

'시간이 멈추면 학교에 가서 선생님과 친구들도 만날 수 없고, 신나는 체육 시간이나 즐거운 점심시간도 없어질 거야. 계절이 없어질 테니 식물이나 동물들이 사는 자연도 엉망진창이 될 거야.'

시완이는 꿈속 시간 여행을 통해 시간의 소중함을 알게 되었다. 그래서 보통 때와 별다를 것 없는 일요일 하루를 보통 때와 무척 다르게 보냈다.

텔레비전 앞에서만 빈둥대던 지난주 일요일과 달리 아빠와 집 근처 체육 공원에 가서 신나게 운동도 하고, 엄마를 도와 방 청소도 했다. 활기차게 움직이고 나니 평소보다 밥도 맛있고 저녁이 되어도 피곤하지 않았다.

잠자리에 들기 전에는 내일 학교에 가지고 갈 준비물을 스스로 챙기고 시계도 일어날 시간에 맞추어 놓았다.

시완이는 왠지 알찬 하루를 보낸 것 같아 마음이 뿌듯했다.

 생체 리듬과 생체 시계란 무엇일까?

식물과 동물은 자연의 변화에 따라 일정한 주기를 알아
차리고 그에 맞추어 변한다. 이러한 생물들의 주기적인
변화를 생체 리듬 또는 바이오리듬이라고 한다.

생물은 대부분 지구의 자전 주기에 따라 일정하게 변한
다. 햇볕이 내리쬐는 시간에 따라 생물이 변하는 현상을
광주기성이라고 하고, 하루 24시간에 따라 생물이 변하
는 현상을 일주기성이라고 한다. 이때 생체 리듬이 주기
적으로 반복될 수 있도록 해 주는 몸속의 작용을 생체
시계라고 한다.

 사람 몸속에는 생물 시계가 있을까?

사람 몸속에도 생물 시계가 있다. 그래서 사람은 밤이 되면 졸리고, 밥 먹을 때가 되면 배가
고픈 것이다. 어떤 과학자는 사람의 생물 시계가 수면, 체온, 혈압, 호르몬 분비량 등을 조절

하며 인체의 여러 기관에 영향을
미친다고 한다. 하지만 생물 시계
가 어떻게 우리 몸에 시간을 알려
주는지에 대해서는 정확하게 밝혀
지지 않았다. 아직 연구 중이다.

시간의 빠르기가 왜 다르게 느껴질까?

 시간은 누구에게나 똑같이 하루는 24시간, 일 년은 365일이다. 그런데 자신이 어떤 상황에 처해 있느냐에 따라 심리적으로 시간의 빠르기를 다르게 느낀다.

예를 들어 친구들과 놀이공원에 가서 놀 때나 게임을 할 때는 시간이 빨리

가는 것처럼 느낀다. 반면 시험 공부를 하거나 이해하기 어려운 수업을 들을 때는 시간이 느리게 가는 것처럼 느낀다. 이것은 흥미로운 일이나 하고 싶은 일을 할 때는 집중하게 되어 시간이 빠르게 간다고 느끼고, 반대로 하기 싫은 일을 할 때는 집중이 잘되지 않아 시간이 느리게 가는 것처럼 느끼기 때문이다.

 아침형 인간과 저녁형 인간이란 무엇일까?

 일찍 자고 일찍 일어나는 사람들을 아침형 인간 또는 종달새형 인간이라고 한다. 반면 늦게 일어나서 늦게 자는 사람들을 저녁형 인간 또는 올빼미형 인간이라고 한다.

사람들은 각자의 생물 시계가 있어서 잠에 들고 잠을 깨는 시기가 다르다. 따라서 자신에게 가장 잘 맞는 수면 시간을 선택하여 생활하는 것이 좋다. 하지만 성장 호르몬이 오후 10시에서 새벽 2시 사이에 가장 많이 분비된다고 하니, 성장기 어린이와 청소년은 성장을 위해 아침형 인간이 되는 것이 바람직하다.

핵심 용어

계절
기후에 따라 1년을 나눈 것으로 일반적으로 온대 지방은 기온의 차이에 따라 봄, 여름, 가을, 겨울의 네 계절로 나눔.

동지
24절기의 하나로, 북반구에서 일 년 중 낮이 가장 짧고 밤이 가장 긴 날.

물시계
물이 좁은 구멍으로 일정하게 떨어지게 하여, 줄어든 물의 양이나 고이는 물의 양을 헤아려서 시간을 재는 시계. 우리나라에서는 신라 때 처음으로 만들어 사용했음.

반사
빛이나 전파 등이 어떤 물체의 표면에 부딪혀 되돌아오는 현상.

시각
시간의 흐름에서 어느 한 때를 말하며, '해 뜨는 시각', '열차 도착 시각' 등으로 사용함.

시간
어떤 시각에서 다른 시각까지의 동안, 또는 그 길이를 말하며, '시간을 보내다' 등으로 사용하는데, 시각의 의미로 사용하기도 함.

시계
시각을 나타내거나 시간을 재는 기계 또는 장치를 말함. 디지털시계, 아날로그시계, 전자시계, 기계식 시계 등이 있음.

용수철
강철을 둥글게 감아서 만든 쇠줄로, 탄성을 가지고 있음.

일주 운동
지구의 자전으로 태양, 달, 항성 등의 모든 천체가 천구와 함께 지구의 자전 방향과 반대 방향으로 도는 것처럼 보이는 운동.

자격루
1434년에 장영실, 이천, 김조 등이 만든 장치로, 물이 흐르는 것을 이용해 스스로 소리를 나게 하여 시각을 알림.

자오선

적도와 수직이 되게 남극과 북극을 연결한 세로선으로, 시각의 기준이 됨.

자전

천체가 자전축을 중심으로 서쪽에서 동쪽으로 스스로 회전하는 운동. 지구는 자전축을 중심으로 하루에 한 바퀴 회전함.

절기

1년을 24로 나눈 것으로, 계절의 표준이 됨. 달을 기준으로 만든 음력은 계절의 변화와 맞지 않아서 음력에서는 계절의 변화를 알기 위해 24절기를 함께 사용함.

천구

둥글고 거대한 가상의 구로, 천체가 이 구면 위에 투영되어 있는 것으로 봄.

천체

항성, 행성, 위성, 혜성, 성단, 성운 등 우주에 있는 모든 물체.

탄성

외부에서 힘을 가하면 물체의 부피와 모양이 바뀌었다가, 그 힘을 없애면 원래의 모양으로 되돌아가려고 하는 성질. 고무나 용수철에서 볼 수 있음.

태엽

길고 얇은 강철 띠를 동그랗게 여러 번 말아 놓으면 강철 띠가 풀리는데, 그 힘으로 기계를 움직이게 하는 장치로 시계 등에 사용됨.

하루

한 낮과 한 밤이 지나는 동안으로, 24시간을 말함.

하지

24절기의 하나로, 북반구에서 일 년 중 낮이 가장 길고 밤이 가장 짧은 날.

해시계

시각에 따라 변하는 그림자의 길이와 위치를 이용하여 만든 시계로, 우리나라에는 세종 대왕 때 만들어 사용하던 앙부일구나 정남일구 등이 있음.

일러두기

1. 띄어쓰기는 국립국어원에서 펴낸 「표준국어대사전」을 기준으로 삼았습니다.
2. 외국 인명, 지명은 국립국어원의 「외래어 표기 용례집」을 따랐습니다.